Sciences & Arts 1685.

L'écriture dit que [illegible] ou recherché surtout
[illegible] il est [illegible] mais qu'il y
[illegible] l'ouvrage [illegible]
[illegible] à Dieu.

TEMPORA TEMPORE TEMPERA
CHASSEBRAS

LES MERVEILLES
DES INDES ORIENTALES
ET OCCIDENTALES,

OV

Nouueau Traitté des Pierres precieuſes & Perles, contenant leur vraye nature, dureté, couleurs & vertus : Chacune placée ſelon ſon ordre & degré, ſuiuant la cognoiſſance des Marchands Orpheures. Auquel eſt adjouſté vne petite Table fort exacte, pour connoiſtre en vn inſtant à quel tiltre les Marchands Orpheures de Paris, & les autres dans toutes les principalles Villes preſque de toute l'Europe, trauaillent l'Or & l'Argent.

DEDIÉ A MADEMOISELLE.

Par ROBERT DE BERQVEN Marchand Orpheure à Paris.

A PARIS.

DE L'Imprimerie de C. LAMBIN ruë vieille Draperie, proche le Palais, à l'Image Sainct Martin.

LES Exemplaires ſe debitent chez l'Auteur, en la ruë des Lauandieres en la Maiſon des Marchands Orpheures.

M. DC. LXI.

AVEC PRIVILEGE DV ROY.

ANNE MARIE LOVISE D'ORLEANS *Souueraine de Dombes, Princesse de la Roche sur Yon, Dauphine d'Auuergne, Duchésse de Monpensier, de St Fergeau, et de Chastelraud, Contesse de Bar sur Seine et de Mortain &c. Seule Fille de Gaston Fils de France Duc d'Orleans, et de Marie de Bourbon Duchesse de Monpensier sa prem.ᵉ Femme. Elle prit naissance a Paris le 29 May 1627, et fut leuée sur les fonds de Batesme par la Reine Anne d'Espagne en 1636, le 17 Iuillet. la haute naissance, les rares qualitez et les autres vertus de cete Illustre Princesse, l'un des principaux ornements des deux branches d'Orleans et de Bourbon, la rendent le premier et le plus eminent party, entre toutes les Princesses de l'Europe.*

A Paris Chez L. Boisseuin.

de
Ch
e
rri
ni
cata
1685

A
MADEMOISELLE.

ADEMOISELLE,

JE sçay bien que l'on ne peut rien offrir à VOSTRE
ALTESSE ROYALLE qui soit digne d'Elle : mais le
suiet de ce petit Traitté que i'ose luy presenter, est
de soy si noble & si grand, que i'espere, selon sa
bonté ordinaire, qu'Elle me pardonnera facilement
la temerité que ie commets, apres qu'Elle aura con-
sideré que ces plus acheuez miracles de la nature
ne pouuoient appartenir qu'à Celle qui en est vn autre
tout extraordinaire, laquelle outre ce qu'Elle est vne

des plus grandes & des plus accomplies Princesses de l'vniuers, possede toute seule sans contredit, tout ce qu'il y a de plus auguste, de plus beau, & de plus charmant. C'est icy MADEMOISELLE l'abbregé de tout ce qu'il y a de plus excellent, & de plus rare dans le monde. C'est en quoy consiste en partie la splendeur des plus grands Monarques qui soient, ou qui ayent iamais esté. C'est l'ame de ce grand commerce des Nations les plus esloignées entre elles. Et plus proprement c'est l'vnique felicité, & le lustre de la vie: ou bien pour m'expliquer en vn mot, ce sont les merueilles de la nature, & les plus riches tresors de toute la Terre. Mon Traitté ne contient autre chose, & ie n'entretiendray VOSTRE ALTESSE ROYALLE, si Elle daigne me le permettre, que des plus belles Pierreries, & des deux metaux les plus precieux: D'autant MADEMOISELLE qu'il m'a semblé que pour la diuertir vn moment assez agreablement dans son Cabinet, il faloit vne matiere qui en valut la peine, qui fust digne de sa curiosité, & dont Elle auroit vne parfaite connoissance.

Chacun demeurera d'accord de cette verité, & qu'il n'y a rien parmy nous qui soit estimé ou plus rare, ou plus necessaire dans la vie: puisque tous les

iours

iours on voit la plus part des humains passer d'vn bout
du monde à l'autre, s'hazarder à tant de tempestes
& à l'inconstance des mers, bref s'abandonner si li-
brement à toutes sortes de perils, & de risques, qui leur
sont comme inéuitables; à dessein de s'enrichir, ou de
ces metaux, ou de ces admirables Pierreries, par ce
que l'on ne trouue rien de plus beau, de plus riche, &
de plus vtile en toutes manieres.

Mais MADEMOISELLE, il ne faut pas simplement
se fonder sur l'opinion des hommes pour leur donner
de l'estime. Elle leur est acquise de meilleure part,
& VOSTRE ALTESSE ROYALLE sçait tres bien
que l'Escriture Sainte nous enseigne, que ce qui
rendoit le Paradis terrestre, entre les autres particularitez, si merueilleux, c'estoit, Que l'vn des fleuues,
qui en sortoient, ne couloit que sur l'Or, & que sur les
plus rares Pierreries. Que tout le Temple du Dieu
viuant estoit reuestu d'Or: & que le Rational du
grand Prestre estoit chargé de Pierres en pareil nombre
qu'il y auoit de Tribus, dont le Peuple Esleu estoit
composé. Que mesme la nouuelle Ierusalem, ou bien
l'Eglise, n'a esté reuelée à Sainct Iean, que sous la fi-
gure d'vn vaste & superbe édifice tout d'Or, fondé
sur les Pierres les plus precieuses, & les plus exquises,

dont douze portes en faisoient l'entrée, chacune desquelles estoit d'vne seule Perle. Que Dieu apparut a lors à cét Euangeliste dans sa pompe, & au milieu de sa gloire, tout resplendissant d'vne lumiere de Iaspe, & de Sardoine, & enuironné d'vn Iris d'Esmeraude. Que selon Saint Epiphane la Loy que Dieu mit entre les mains de Moyse, estoit grauée dans vn Saphir. Et si l'vn des plus renommez Rabbins est croyable, que la Verge de Moyse en estoit aussi.

Cette estime estant, & si legitime & si manifeste, on ne s'estonnera plus de ces longues & perilleuses nauigations, que l'on a entreprises depuis enuiron deux siecles, (qui ont agrandy l'vniuers prés de moitié) puis qu'elles ont apporté auec elles tant de belles choses, & qu'elles ont remporté comme en triomphe, la depoüille entiere de l'Orient & de l'Occident, voires tellement enrichy l'Europe, qu'à present les Indiens les achetent de nous. Mais ce dont on deura s'estonner auec grande raison: & ie m'assure que VOSTRE ALTESSE ROYALLE s'en estonnera Elle mesme, c'est que ceux, qui ont pris à tâche d'en parler, y ont si peu reussy, que si on prenoit pied sur leurs opinions, on ne pourroit iamais distinguer ces precieuses Pierreries les vnes d'auec les autres, & les desbrouiller de la confusion

où ils les ont mises : & mefme cette ignorance à reſaly
en quelque maniere contre le Texte Sacré, par l'erreur
des Interpretes Chaldées & Grecs, & de ceux qui
les ont ſuiuis ; leſquels ne pouuans pas bien diſcerner les
Pierres dont eſtoit compoſé le Rational, ont non ſeulemẽt
rendu ce paſſage, des plus myſtiques tres dificile à entendre, mais par l'obſcurité de leurs ſentimens, ils ont
entierement terny le luſtre qui deuoit eſtre conſerué in-
uiolablememt à de ſi beaux & ſi precieux ioyaux.

C'eſt peut eſtre, comme il y a raiſon de le croire,
que ceſte connoiſſance eſt reſeruée aux Maiſtres de l'Art,
i'entends aux Orfeures, qui ne ſe meslent & ne manient autre choſe en toute leur vie : & que tout ainſy
que l'exercice de cét Art, eſt particulierement deſtiné
pour les Vaiſſeaux & pour les ornemens ſacrés qui
ſeruent pour le Seruice Diuin : de meſme il eſt comme
manifeſte que ce rare genie de l'Orfeurerie, n'eſt pas
de la portée du premier venu, mais qu'il faut y eſtre
appellé de plus hault, comme le fiſt Bezeleel, qui fit
cette ſainte & admirable Arche d'alliance.

Or comme ie m'imagine y ſçauoir aſſez, veu l'experience que i'y ay acquiſe depuis tant d'années, du
moins vn peu plus qu'aucun de ceux qui n'en ont
qu'vne idée, & qui n'y apperçoiuent que le brillant

* ij

de l'Or & des Pierreries ; I'ay crû MADEMOISELLE
que VOSTRE ALTESSE ROYALLE prendroit plaisir
& tout le public en suite, au petit discours que j'en
ay dressé, pour en pouuoir aisement connoistre la
veritable nature, les couleurs, & toutes les particularitez, que i'ay iugées dignes de remarque, sans
auoir oublié les Perles, ausquelles i'ay donné bonne
place dans vn Chapitre a part, comme au Corail,
& à l'Ambre, ainsi que VOSTRE ALTESSE ROYALLE
pourra voir, chaque chose se trouuant placée selon
le veritable rang, qui luy est deu de dureté ou de
beauté. A quoy ie n'ay trouué autre dificulté que
celle qui m'est naturelle, & que ie ne peux sur-
monter, de ne m'estre pas pû exprimer, auec toute
la grace & la politesse du temps, que VOSTRE
ALTESSE ROYALLE, pourroit desirer en vne matiere si noble : mais ie m'assure qu'Elle me le pardonnera volontiers, apres l'aueu que ie fais de ne
me piquer nullement de bien dire, & qu'Elle croira
bien que ie sçay mieux comme quoy il faut tailler
vn Diamant, ou le mettre en œuure, que tailler
vne plume & escrire vne seule ligne correctement.

En quelque maniere que i'aye pû m'en acquitter,
ie n'ay eu d'autre veuë, MADEMOISELLE, que de
pouuoir auoir cette seulle satisfaction, que de rendre

à VOSTRE ALTESSE ROYALLE par le moyen de ce petit Traitté, dont ie luy fais hommage, quelques temoignages des tres profonds respects que i'ay pour Elle, la suppliant de n'en considerer point le stile ny les termes, mais seulement la rareté des choses qui y sont contenuës, & le cœur de celuy qui le luy presente; & de m'accorder, s'il luy plaist, cette grace, que ie me puisse qualifier tout le reste de ma vie,

MADEMOISELLE,

De VOSTRE ALTESSE ROYALLE,

Le tres-humble, tres obeïssant,
& tres affectionné seruiteur,
ROBERT DE BERQVEN.

ORDRE DES CHAPITRES.

Et à la fin des ſuſdits Chapitres eſt vne Table, pour connoiſtre à quel tiltre les Marchands Orpheures de Paris trauaillent l'Or & l'Argent fin, ſuiuant l'Ordonnance : & comme quoy auſſi on le trauaille dans la pluſpart des Villes principales de l'Europe.

PRIVILEGE DV ROY.

LOVIS PAR LA GRACE DE DIEV ROY DE
France et de Navarre. A nos amez & feaux les
Gens tenans nos Cours de Parlement, Maiſtres des
Requeſtes ordinaires de noſtre Hoſtel, Baillifs, Seneſ-
chaux, Preuoſts, leurs Lieutenans, & tous autres nos Iuſti-
ciers & Officiers qu'il appartiendra ; Salvt. Noſtre bien amé
Robert de Berqven Marchand Orféure en noſtre bonne
Ville de Paris, Novs a fait remonſtrer, qu'il a compoſé vn petit
Traitté intitulé, *Les merueilles des Indes Orientales & Occidenta-*
les: Ou nouueau Traitté des Pierres precieuſes & Perles concernant
leur vraye couleur, nature, dureté & vertu, chacune placée ſelon ſon
ordre & degré ſuiuant la cognoiſſance des Marchands Orpheures ;
Auquel eſt adiouſté vne petite Table fort exaɛte pour cognoiſtre en vn
inſtant à quel tiltre leſdits Marchands Orpheures de Paris & les au-
tres, dans toutes les principalles villes preſque de toute l'Europe, tra-
uaillent l'Or & l'Argent ; Lequel Traitté il deſireroit faire imprimer, & donner au public ſoubs noſtre bon plaiſir: Mais crai-
gnant qu'apres l'auoir mis en lumiere auec grands frais & deſ-
pence, d'autres perſonnes Imprimeurs ou Libraires ne s'inge-
rent d'imprimer ledit Traitté, & que par ce moyen il demeure
frnſtré de ſontrauail, il Nous a fait ſupplier luy vouloir pour-
uoir, & luy accorder nos Lettres ſur ce neceſſaires. A CES
CAVSES, deſirans fauorablement traitter ledit Expoſant,
Novs luy auons permis & permettons par ces preſentes de faire
imprimer ledit Traitté par tel Imprimeur, en tel caraɛtere ou
volume qu'il verra bon eſtre, & iceluy vendre & debiter en tous
les lieux qu'il luy plaira, durant le temps & eſpace de dix années
finies & accomplies, à compter du iour que ledit Traitté ſera
acheué d'imprimer, Faiſans tres expreſſes inhibitions & def-
fences à tous Libraires, Imprimeurs & autres de quelque qualité & condition qu'ils ſoient, d'imprimer ou faire imprimer,

vendre ny diſtribuer ledit Ttaicté ſans le conſentement &
permiſſion dudit Expoſant, ou de ceux qui auront droict de
luy ſur peine de quinze cens liures d'amende payable par chacun des contreuenans, & qui ſeront ſaiſis en vendant ledit
Traicté au prejudice des preſentes, applicable ladite ſomme vn
tiers à Nous, vn tiers aux Pauures de l'Hoſtel-Dieu de Paris,
l'autre tiers à l'Expoſant, ou à ceux qui auront droict de luy,
& de confiſcation de tous les exemplaires, & en tous deſpens,
dômages&intereſts,à condition qu'il ſera mis deux exemplaires
dudit Traicté,l'vn en noſtre Bibliotheque publicque, & l'autre
en celle de noſtre cher & feal, le ſieur Seguier Cheualier &
Chancelier de France, à peine de nullité des preſentes ; du
contenu deſquelles Nous voulons & vous mandons que vous
faſſiez iouir & vſer plainement & paiſiblement ledit Expoſant,
ou ceux ayans droict de luy, ſans qu'il leur ſoit donné aucun
trouble ny empeſchement. Voulons auſſi qu'en mettant au
commencement ou à la fin dudit Traitté les preſentes ou vn
bref extraict d'icelles,elles ſoient tenuës pour bien & deuëment
ſigniffiées, & que foy y ſoit adjouſtée comme à l'Original.
Mandons au premier de nos Huiſſiers où Sergens ſur ce requis,
de faire pour l'execution des preſentes, tous Exploicts neceſ-
faires,meſme au reſſort de noſtre Pays & Duché de Normandie,
ſans pour ce demander placet ny pareatis: nonobſtant Clameur
de Haro, Chartre Normande, & autres Lettres à ce contraires:
Car tel eſt noſtre plaiſir. Donne' à Paris le vingt-cinquieſme
iour d'Octobre, l'an de grace mil ſix cens ſoixante : Et de
noſtre reigne le dix-huictieſme. *Et plus bas,* Par le Roy en ſon
Conſeil, Signé TESSIER. Et ſeellé.

LES MERVEILLES
DES INDES ORIENTALES
ET OCCIDENTALES;

Ou, Nouueau Traicté des Pierres precieuses & Perles, concernant leur vraye nature, dureté, couleurs & vertus: Chacune placée selon son ordre & degré, suiuant la cognoissance des Marchands Orpheures. Auquel est adjousté vne petite Table fort exacte, pour connoistre en vn instant à quel tiltre les Marchands Orpheures de Paris, & les autres dans toutes les principalles Villes presque de toute l'Europe, trauaillent l'Or & l'Argent.

DIVERSES OPINIONS TOVCHANT
l'origine des Pierres precieuses, & des metaux.

CHAPITRE I.

IL est bien dificile de sçauoir au vray l'origine & les particularitez de ce que la nature fait à part, & comme en cachette, au plus profond de ses abysmes, dans la terre où dans les mers, puisque nous ne pouuons pas seulement rendre raison de la moindre des choses qu'elle produit sur la superficie, tout à descouuert

A

& à noſtre veuë. C'eſt que Dieu, ainſi que dit l'Eccle-
ſiaſte , apres auoir exactement finy ſes ouurages, a
abandonné le monde & toutes ſes merueilles, au iuge-
ment des hommes ; afin apres s'eſtre en vain tourmen-
tez, & tout à fait laſſez dans la recherche des ſecrets
de ſa toute puiſſance, qu'ils aduouaſſent franchement
leur ignorance, & que la main de ce grand & admirable Auteur de l'vniuers, doit eſtre ſimplement reſpe-
ctée, & iamais examinée ſelon l'incapacité & la foibleſſe
de l'eſprit humain. D'où vient qu'il ne ſe faut pas
eſtonner ſi pluſieurs qui ont eſcrit ſur cette matiere que
ie traitte, n'ont pû encore deſcouurir qu'elle eſtoit la
nature & la proprieté des Pierres precieuſes & des plus
nobles metaux, par ce que c'eſt, où ſe manifeſte bien
particulierement le doigt de Dieu , & que certainement
l'eſclat de ces chefs-d'œuures a ſeruy pluſtoſt à eſbloüir
ces auteurs qu'à les illuminer.

Cela toutesfois ne ſe doit pas entendre ſi generale-
ment qu'on ne croye bien quant & quant, que ceux
qui de tout temps ſelon leur profeſſion ne manient autre choſe , & qui en ſçauent vn peu plus que par ouy
dire, n'ayét fait des remarques aſſez iuſtes pour en quelque façon contenter la curioſité de ceux qui ſont eſpris
de l'excellence de ces merueilles. Et d'autant que i'en
ſuis du nombre, & que i'ay eſté eſleué dans cét Art dés
ma ieuneſſe, ie croy qu'il m'eſt permis de dire ce que i'y
ay rencontré, y meſlant neantmoins, ou l'opinion de
ces auteurs, ou le recit des raretez ſingulieres, &
tout à fait extraordinaires de quelques pieces rares &
curieuſes que de toute ancienneté on a remarquées,
pour eſgayer d'autant plus ce Traicté , & le mieux

accommoder au brillant de fa matiere.

Quelques vns pour s'expedier promptement des principes des pierreries où des metaux, fe contentent de dire, qu'ils font compofez des quatre élemens. Que tout ce qui fe forme dans le fein de la terre eft terrefte, ou aqueux. Terrefte comme le font en general toutes les pierres ; Aqueux comme le font les metaux. Qu'à l'efgard des pierres, les vnes font efclatantes, & les autres obfcures. Que les efclatantes & qui brillent, font compofées d'vne humeur claire & liquide ; plutoft formées d'vne matiere acqueufe que terrefte.   Et que les obfcures ou noires font engendrées, bien plus du limon de la terre que de l'eau, Et par ce que la bouë & l'argile en font les premieres matieres, qu'il eft impoffible que telles pierres puiffent eftre, ou claires, ou tranfparantes. D'autres difent que celles qui font folides, naiffent d'vne vapeur & d'vne exhalaifon chaude & feiche totalement enflamée: & que c'eft la raifon pourquoy telles pierres ne peuuent fe diffoudre ny liquifier par le feu. Et d'autres que celles aufquelles la boüe & l'argille feruent de matiere, fe forment par vne maniere de congelation, caufée principalement par le froid : & que ce font celles qui font folides & pefantes. Mais aux premiers on leur refpond, que ce ne peut eftre par cette exhalaifon chaude qu'ils fuppofent, attendu le lieu où elles font engendrées, qui eft la terre, c'eft à fçauoir vn élement froid : Et aux fecondes que ce ne peut eftre par le froid, autrement qu'elles ne pouroient eftre formées dans les Ifles de Chypre, de la Mer rouge, & autres Pays meridionaux, mais dans les Septentrionaux, feulement : les refponces ne demeurans pas par ce moyen meilleures que les opinions.

Et encores d'autres qu'il y faut confiderer la matiere, la caufe efficiente, & le lieu où elles font produites. Que la matiere efloignée eft l'eau & la terre; la prochaine vn certain fuc pierreux qui tient lieu de feméce. Que les pierres precieufes ont moins de terre que d'eau, & par vne certaine coagulation, felon la fimplicité de ces deux élemens meflez enfemble, que la chaleur, au moyen de cét efprit vniuerfel qui remplit toutes chofes, cuit l'humidité acqueufe, la purifie & fublime à fa derniere perfection : où bien que cette matiere prochaine eft vn fuc ou femence qui coule des Rochers, lequel fait les pierres precieufes s'il eft pur & fubtil. Qu'à l'efgard de la caufe efficiente, celle qui eft efloignée eft la chaleur, qui reiette ce qu'il y a d'eftranger, & vnit ce qui eft de mefme nature, dont elle fait vn fuc homegene; & que la prochaine eft le froid qui condenfe ce fuc; Et pour le lieu où tout fe forme, que la terre eft celuy des pierres precieufes, & la mer celuy des perles & du corail.

Que la couleur des pierreries eft à proportion de la matiere dont elles font engendrées. Que fi la matiere eft pure & nette, le luftre & la couleur (fans dire d'où elle prouient) feront auffi purs & nets; ou fi elle eft efpaiffe & obfcure, que le luftre & la couleur ferót de mefme, efpais & obfcurs. Que c'eft le Soleil qui fait cét ouurage, qui affine le corps & les couleurs des pierres felon la difpofition de la matiere : & que cela fe remarque principalement en celles qui s'engendrent en l'Inde & en Ethiopie, qui font tout autrement belles & nettes, que celles de toutes les autres contrées du monde, à caufe du Soleil leuant & du midy qui en eft plus proche.

Et à l'efgard de ces vertus fecretes & miraculeufes
qu'on y obferue, & que ie remarqueray fur chacque
pierre ; qu'elles prouiennent de l'influance & vertu, tant
des Planetes que des Eftoilles fixes, (laquelle opinion
à paffé iufques à la fuperftition des Talifmans) & d'vne
matiere tres fubtille & tres pure, preparée par le Soleil,
c'eft à dire aux lieux tout autres que les Septentrionaux.

Voila en fommaire à peu pres ce qu'il y a d'opinions
touchant les pierres precieufes.   I'en voy encore quelques vnes touchant les metaux. L'vn dit, que tous fe
forment de quatre chofes, ou principes, de fouffre, de
vif argent, de falpeftre, & de vitriols ou aluns, qui
font les fels felon l'opinion des Philofophes metaliques,
& s'en tient là. Et vn autre, que la matiere efloignée
des metaux confifte en beaucoup plus d'eau que de
terre, & que la prochaine, felon Ariftote eft vne exhalaifon vaporeufe. Et pour la caufe efficiente generale,
que c'eft la chaleur du Ciel qui cuit cette exhalaifon, &
le froid qui la condenfe & referre.   Que felon les Chi-
miftes les principes des metaux font compofez de mercure & de fouffre, aidez de vitriol pour donner corps à
ces matieres. Que le fouffre, par lequel ils entendent
vne chaleur interne & centralle dans le mercure, & qui
tient le lieu de la femence virile, cuit la crudité du Mercure, crud & acqueux qui tient le lieu du fang maternel.
Qu'il y a trois principes immediats, qui font les mer-
cures, fouffres, & vitriols · que l'on trouue en tous les
metaux, finon dans l'or, quelque recherche qu'en faf-
fent les Chymiftes par leur grand œuure. Que l'or eft
le plus pefant de tous, puis l'argent vif. Que tous les

autres metaux furnagent au deſſus de l'argent vif, excepté l'or qui va au fond. Que la grauité de l'or luy vient
de ſa propre forme, & quoy qu'on le forge qu'il n'en
deuient pas plus peſant.

Toutes ces diferentes opinions que ie viens de
remarquer, ſans les autres que i'ay paſſées pour n'en
rendre point la lecture ennuyeuſe, n'aboutiſſent qu'à
faire voir ; qu'il n'y a rien de clair en vne matiere ſi
lumineuſe, tant il eſt vray qu'il n'y a rien de plus obſcur, nonobſtant les diuers traitez que des perſonnes
de grande ſuffiſance ont fait & donné au publicq,
Pour moy i'auouë, apres les auoir leus en partie, que ie
ne voy aucun eſclairciſſement ſur ces illuſtres matieres,
& que ie ne m'aperçois encor point d'où les pierreries
& les metaux procedent, ny comme quoy les vns &
les autres ſe forment, c'eſt à dire, comme ie croy, que
cela ſurpaſſe noſtre intellect & toutes nos idées ; & que
pour aprendre le vray & l'effectif de ce chef d'œuure de
la nature, qu'il faudroit ſe renfermer auec elle dans ſes
cachots pour la voir trauailler, & y employer du moins
autant de temps, que ces anciens Chaldées en emploie-
rent pour l'obſeruation des aſtres, afin d'eſtablir des
regles certaines de l'aſtronomie (car ces premiers hommes alors ne viuoient pas moins de neuf où dix ſiecles
entiers) & pour conſiderer qu'elles ſont ces ſubſtances
qui découlent des matieres diſpoſées; & qui ont en ſoy,
ou des qualitez incónües à tout autre qu'à cette grande
ouuriere, ou des ſemences propres pour la formation
de choſes ſi belles & ſi parfaites, que le temps recuit &
durcit ſelon la diſpoſition du ſujet. Elle s'eſt reſerué ce
coup de maiſtre, & ſe diuertit ainſi de noſtre curioſité

& de la foiblesse de nostre raisonnement. C'est pourquoy ie iuge qu'il s'en faut tenir à ce que l'Art de l'Orpheurerie nous enseigne; Et peut estre croira-t'on bien
en faueur de mon Art, que si quelqu'vn doit auoir remarqué les veritables circonstances touchant la nature
& l'exellence des pierreries & des metaux, que ce doit
estre plutost celuy qui les manie ordinairement, comme
moy, & qui ne fait autre chose en toute sa vie, que celuy
qui n'en sçait que par la relation d'autruy.

Pour finir ce Chapitre par l'estime qu'on a fait entre
autres des pierreries, elles ont esté estimées si extraor-
nairement parmy les Romains (peuple autant vniuersel
dans la cognoissance de toutes les belles choses, qu'il
l'estoit dans l'estenduë de sa domination) que Pline, au
neufiesme & treiziesme Liure de son histoire naturelle,
rapporte qu'elles tenoient parmy eux lieu d'immeuble
& de domaine, & que les heritiers y succedoient ainsy.
Il en dit autant touchant les Perles qu'on a appellées
vnions, au troisiesme Chapitre du neufiesme Liure.
Long temps auparauant les Poëtes feignirent que Pro-
methée donna credit aux pierres precieuses, & ce fameux
Anneau de Gyges, possible plus ancien, fait connoistre,
que les hommes dés l'origine du monde ont esté espris
de ces joyaux. De plus on apprend que Scaurus, gen-
dre de Sylla, fût le premier des Romains qui en porta
au doigt: Et que le triomphe de Pompée apres la guerre
contre Mithridate, en introduisit le luxe, ainsi que la
Victoire de L. Scipion sur l'Asie, celuy de l'argent ci-
zelé & curieusement trauaillé, auec vne mode des veste-
mens superbes d'Attalus. Bref, que la prise de Corinthe
mit en vsage les vases artistement tournez & enrichis

de reliefs, outre les tableaux des plus grands Maiftres de l'antiquité.   Mais leur excellence eft tout autrement bien fondée fi on confidere les veftemens du fouuerain Preftre de l'ancienne Loy, qui en eftoient tous brillans; Ce rationnal de douze differentes pierres d'vn prix infiny; Et ces deux onix fur les efpaules au deffus de l'Ephod, que quelques interpretes Iuifs tiennent, que c'eftoient deux Diamans qui ne fe pouuoient eftimer, par ce qu'il n'y en euft iamais au monde de pareils. Le Prince Palatin, apres la perte de la bataille, & de la Ville de Prague, qui en auoit vn million d'or fur foy, en aprit du moins l'vtilité pendant qu'il demeura refugié en Holande.

DV DIAMANT.
CHAPITRE II.

OVS commençons à entrer en matiere pour parler felon noftreArt des pierreries, entre lefquelles le Diamant doit eftre placé en tefte, & au premier rang cóme la plus excellante pierre, & la plus parfaite de toutes. Ceux qui en recherchent le nom en tirent l'origine du verbe grec, *ie dompte*, auec l'*a* priuatif, pour dire qu'il eft indomptable, & qu'il refifte à tous les efforts qu'on pourroit faire pour le caffer; Les Poetes difent qu'on emprunte ce nom de celuy d'vn jeune garçon de l'Ifle de Crete qui s'appelloit Diamant, le mefme qui garda Iupiter pendant que ce Dieu eftoit encores au berceau : & que Iupiter pour ofter la connoiffance aux hommes qu'il auoit efté autrefois mortel comme eux, transforma ce garçon, qui feul en pouuoit témoigner, en vne roche tres dure; c'eft à dire en vn Diamant. Pline en met de quatre fortes, l'Indien, l'Arabique, le Macedonien, & le Cyprien. Que l'Indien eft de la grandeur d'vne aueline, L'Arabique vn peu moindre, & le Macedonien, qui autrefois fe trouuoit en abondance dans le champ Philippique, grand comme de la graine de concombre : A l'efgard du Cyprien on remarque qu'il reprefente la couleur de l'air, & qu'il eft de grand vfage

B

en medecine, fans en dire la grandeur : & on y adjoufte
encore vne cinquiefme forte, qui eft le Diamant fur-
nommé Siderités ; par ce qu'il a vn efclat de couleur de
fer, lequel, dit-on, eft plus pefant qu'aucune autre forte,
mais beaucoup moins dur, par ce qu'il fe caffe plus facilement, & qu'on le perce encores aifement auec le Cyprien.   Quand à prefent on ne fait plus cette diftinction par ce qu'il n'y en a que d'vne forte.

Il y a entre autres trois circonftances au Diamant qui
le font eftimer. Premierement, fon efclat & fon luftre,
ou bien fon eau. Secondement, fon poids ou fa grandeur.   En troifiefme lieu fa dureté.   La beauté des autres pierres confifte auffi en leur efclat, & en leur grandeur, mais pour la dureté pas vne n'approche de celle
du Diamant , que le Diamant mefme pour petit qu'il
foit, obfcur ou imparfait.

L'efclat ou le luftre du Diamant eft beau à proportion
de fa couleur, & fa vraye couleur, (qui eft fa premiere
perfection) eft d'eftre blanc. Aucuns tirent fur certaines
couleurs qui prouiennent de la matiere, ou plutoft des
terres où ils ont efté formez : ce qui les rend fujets à
plufieurs imperfections qui corrompent & terniffent
ce luftre, & les rendent moins aggreables, les vns demeurans glaceux & fourds, & les autres remplis de
grains de fable rouge, qui s'y trouuent incorporez : outre ceux qui tiennent de l'azur, du iaune brun, & de
la couleur de foin, bref ceux qui font de nature, lefquels font dificiles à polir.

La grandeur d'ailleurs, ou bien fon poids fait fa
rareté ; Car plus il eft grand & parfait, & plus il eft
exquis, fuppofé qu'il foit efpois, qu'il foit carré,

qu'il ait sa hauteur de biseau, ait tous ses coins & son
fond blanc : ou s'il est à facetes, qu'il soit rond, blanc,
net, & qu'il ayt toute sa hauteur. Il y en a tout à fait
d'extraordinaires pour leur grandeur & perfection. La
Royne d'Angleterre d'apresent a celuy que deffunct
Monsieur de Sancy apporta de son Ambassade du Leuant qui est en forme d'amande, taillé à facetes des
deux costez, parfaictement blanc & net, & qui pese
cent carats.   Le Duc de Florence depuis long temps
en a vn autre, qui estoit (auant qu'il fust scié en deux,
pour en faire deux pierres esgales) plus gros qu'vn œuf
de pigeon, & qui estant brut pesoit cent trente carats.
Ceux qui ont esté à Constantinople disent en auoir veu
vn au grand Seigneur du moins aussi grand. Charles
Clusius raconte que Philipes second Roy des Espagnes,
en achepta vn de Charles d'Affetan en l'année 1559.
quatre-vingts mil escus d'or, qui estoit vne somme fort
considerable pour lors, lequel pesoit quaráte sept carats
& demy, ou cent nonante grains. Et dit-on qu'en
Bisnager il s'en est rencontré deux à diuerses fois, L'vn
pesant cent quarante carats, & l'autre deux cens cinquante, Celuy cy gros comme vn petit œuf de poule.

  La dureté y est encore exquise, par ce que d'elle prouient la viuacité & l'esclat de la pierre : dureté qu'il a
par preciput au dessus de toutes les autres pierres : les plus
dures lesquelles se taillent seulement par le moyen de
la poudre d'esmeril. Il resiste au feu le plus violant,
mais nullement au marteau, comme l'ont escript plusieurs Auteurs, tant anciens que modernes ; dont on a
pris sujet de faire diuerses emblesmes & corps de deuises

affez mal à propos ; car nous efprouuons affez tous les
iours le contraire quand nous le mettons en œuure, &
que nous l'effertiffons.   En fin cette dureté a feruy de
fymbole aux Anciens, d'vne iuftice feuere & inflexible,
& de la certitude des deftinées, lefquels ont depeint les
Iuges desEnfers auec le cœur & la poictrine deDiamant;
pour faire entendre qu'ils eftoient inexorables : & dit
que les clouds qui arreftoient le Deftin en eftoient auffi,
pour faire conceuoir qu'il eftoit ftable & irreuocable.

Les Hebreux font les premiers Auteurs de cette fauce
opinion, que leDiamant à caufe de fa dureté ne peut eftre
dompté où caffé par quelque violence que ce foit : &
c'eft la raifon que Montanus dit, que dans leurs Homiliaires il eft raconté, d'vn qui auoit achepté à Rome vn
Diamant à condition qu'il l'efprouueroit fur l'enclume;
Que l'efpreuue en ayant efté faite à grands coups de
marteau, & le Diamant refifté à cét effort, qu'il en paya
volontiers le prix, par ce qu'il fuft affeuré par cette efpreuue que s'en eftoit vn veritable.   D'autres plus ridi-
cules qu'eux ont tenu, qu'en mettant vn Diamant dans
du fang de bouc tout chaud, qu'il s'amolira & fe taillera
enfuite facilement. Et encores vn certain Auteur dit,
qu'aux Indes ils le taillent auec la poudre d'efmeril,
comme fi la poudre de cette pierre, qui eft plus tendre
de beaucoup que le Diamant pouuoit agir contre luy.
Louis de Berquen l'vn de mes ayeuls a des'abufé le
monde fur cela. C'eft luy qui le premier a trouué l'inuention en mil quatre cens foixante & feize de les tailler
auec la poudre duDiamant mefme: Et en voicy l'Hiftoire
à peu prés, qui ne fera pas comme ie croy defagreable,

tant elle eſt à propos ſur ce ſujet.

Auparauant qu'on eut iamais penſé de pouuoir tailler les Diamans, laſſé qu'on eſtoit d'auoir eſſayé pluſieurs manieres pour en venir à bout, on fut contraint de les mettre en œuure tels qu'on les rencontroit aux Indes ; c'eſt à ſçauoir des pointes naïues qui ſe trouuét au fond des torrens quand les eauës ſe ſont retirées, & dans les pierres à fuzil, tout à fait bruts, ſans ordre & ſans grace, ſinon quelques faces au hazard, irregulieres & mal po-lies, tels enfin que la nature les produit, & qu'ils ſe voyent encores aujourd'huy ſur les vielles Chaſſes & Reli-quaires de nos Egliſes :   Le Ciel doüa ce Louis de Berquen qui eſtoit natif de Bruges, comme vn autre Bezellée, de cét eſprit ſingulier où genie, pour en trouuer de luy meſme l'inuention & en venir heureuſement à bout. Son pere qui le deſtinoit à toute autre occupation l'enuoya en cette Vniuerſité de Paris pour y apprendre les lettres humaines.   Mais comme ſon eſprit eſtoit de la trempe de ces autres eſprits meditatifs, que la force de l'imagination emporte bien auant, il n'y fit aucun progrez : tout au contraire il conſomma tout ſon temps en mille & mille gentilleſſes & inuentions entierement eſloignées de l'application que doit auoir neceſſairement vn Eſcolier.

Le pere auerty le rappelle en ſa maiſon, & le voyant occuppé en des machines & en des preparatifs tellement extraordinaires qu'on n'en pouuoit du tout point préuoir l'vſage (qu'il auoit fait faire en France, & qu'il auoit ap-portées auec luy) il luy laiſſa toute l'eſtenduë de ſon eſ-prit, pour pouuoir dans vne pleine liberté executer quel-

que chofe de grand. Ce pere eftoit Noble auffi bien
d'humeur que de race ; & comme en fon Pays, auffi bien
qu'en Allemagne, Pologne, Italie & ailleurs on iuge
plus équitablement de la Nobleffe qu'on ne fait en
France, dans tous lefquels Pays on tient que c'eft proprement le vice & l'oifiueté qui y déroge, & non le trafic, & tout autre exercice honnefte, il laiffa agir fon
fils, lequel pour bien dire ne fit rien au prejudice de fa
naiffance.

Ce fils, où ce Louis de Berquen fit l'efpreuue de ce
qu'il s'eftoit mis en penfée dés le commancement de fes
eftudes. Il mit deux Diamans fur le ciment, & apres les
auoir efgrizez l'vn contre l'autre, il vit manifeftement,
que par le moyen de la poudre qui en tomboit, & l'aide
du moulin auec certaines rouës de fer qu'il auoit inuen-
tées, ils pouroit venir à bout de les polir parfaitement,
mefme de les tailler en telle maniere qu'il voudroit. En
effect il l'executa fi heureufement depuis, que cette inuention dés fa naiffance euft tout le credit qu'elle a eu
depuis, qui eft l'vnique que nous ayons aujourd'huy.

Au mefme temps, Charles dernier Duc de Bourgogne à
qui on en auoit fait recit, luy mit trois grands Diamans
entre les mains, pour les tailler aduantageufement felon
fon addreffe. Il les tailla dés auffi toft, l'vn efpais, l'autre
foible, & le troifiefme en triangle : & il y reuffit fi bien,
que le Duc rauy d'vne inuention fi furprenante, luy
donna trois mil ducats de recompenfe. Puis ce Prince
comme il les trouuoit tout à fait beaux & rares, fit prefent de celuy qui eftoit foible, au Pape Sixte quatriefme,
& de celuy en forme d'vn triangle & d'vn cœur, reduit

dans vn Anneau, & tenu de deux mains, pour symbole
de foy, au Roy Louis XI. duquel il recherchoit alors
la bonne intelligence : Et quand au troisiesme, qui estoit
la pierre espoisse, il le garda pour soy, & le porta tousiours au doigt, ensorte qu'il l'y auoit encores quant il
fut tué deuant Nancy, vn an apres qu'il les eu fait tailler,
sçauoir est en l'année mil quatre cens soixante dix-sept.

Cette precieuse Pierre croist en plusieurs endroits du
monde. Dans toutes les Indes Orientales : principalement en Bisnager, qui en est l'vne des Prouinces plus
considerables. En Decam qui en est vne autre. Dans
Malaca, en vne roche proche la mer Tanian. En Arabie,
Cypre, Macedoine. Au Pays du Mogor, & en tant
d'autes contrées, que ce ne seroit iamais fait si on les
vouloit reciter toutes. Ie ne remarque point ce que dit
Ruëus, qu'vne Dame auoit deux Diamans enfermez
dans son Cabinet, lesquels au bout d'vn temps en pro-
duisoient d'autres, tant ce compte est inepte & ridicule.
Mais seulement ce qu'on dit des vertus du Diamant
vrayes ou fauces; en tout cas celle cy, qui est bien grande
& qui ne luy peut estre contestée, qu'entre toutes les
belles pierres il nous resjouit le plus de son brillant, auec
ce qu'il est le plus beau de nos ornemens. Scaliger dit
auec beaucoup d'autres auteurs, qu'il preserue des venins,
de la manie & de la melancholie. Qu'estant porté sur
soy en œuure dans de l'or ou de l'argent, qu'il empesche
l'effect des philtres & breuuages amoureux ; & que les
démons, c'est à dire cés incubes ou sucubes, dont on
parle ordinairement auec trop de credulité, ne puissent
nuire & tourmenter. Ie trouue encore qu'il fait res-

pecter la perſonne qui le porte, & ſurmonter les enne-mis. On croira de ces vertus ce qu'on voudra, puiſque perſonne n'en peut aſſurer : ſeulement pour finir ce Chapitre i'adjouſteray, ce que les Iuifs remarquent du Diamant, qu'Aaron, le Souuerain Preſtre des Iſraëlites, le portoit auec l'Ephod, lequel changeoit de luſtre ſelon les occurrences : Car s'il s'agiſſoit de conuaincre vn cou-pable, il deuenoit terne & obſcur, ou ſi c'eſtoit pour iuſtiffier vn innocent, il brilloit & iettoit vne lumiere incomparablement plus grande qu'à l'ordinaire. Il eſt veritable que le Diamant eſt le plus beau & le plus ad-mirable de toutes les pierres precieuſes. Il eſt auſſi à remarquer que quand on l'a ſur ſoy, ou dans quelque anneau au doigt, & que le ſoleil donne deſſus, qu'il rend autant de rayons comme il a de faces : & tous ces rayons ſont de differentes couleurs, rouge, vert, iaune, bleu, & tant d'autres couleurs comme ſi chaque rayon eſtoit vne vraye Opale, Ce qui n'ariue pas à toutes les autres pierres precieuſes.

DV SAPHIR, ET DE LA TOPASE.
CHAPITRE III.

POVR faire ce Traitté dans vn bon ordre, il a falu imiter le souuerain Createur de l'vniuers, lequel a placé le soleil dans ce vaste firmament comme vn Monarque absolu de la lumiere qui nous esclaire si vtilement & si agreablement; & apres luy les Astres selon leurs proprietez & grandeurs, ainsi que l'astronomie nous enseigne, & sur ce grand & illustre modele assortir & disposer nos pierreries dans le rang qui leur est deu, selon l'exellence de leur esclat, & selon le degré de perfection qu'elles ont entre elles plus ou moins. C'est ce que ie viens d'obseruer dans le précedent Chapitre touchant le Diamant, par ce que ie l'ay mis en teste tout le premier comme vn soleil: soit à raison de son esclat, qui est beaucoup plus brillant que toutes les autres pierres, que par ce qu'il a ensuitte des qualitez qu'elles n'ont point & qui luy sont singulieres: & par ainsi il nous reste de bien ranger ces autres pierreries qui sont autant d'estoilles, toutes esclatantes & lumineuses, dans cét ordre que ie dis & que ie me propose; en descendant tousiours selon leur nature differante de dureté, de couleur, ou de viuacité, combien que chacune d'elles iusqu'à la moindre soit tout à fait admirable & precieuse.

Il faut remarquer en paſſant que ces pierres que nous appellons pierres de couleur, ſont cóme ces belles perſonnes dont le teint eſt ſi vif & ſi vni que la moindre tâche y eſt remarquable ; & que quand elles ſe trouuent imparfaites, que cela leur arriue par la raiſon des climats & des terres où elles ſe trouuent. Cela preſupoſé, comme il n'y a point de doûte, ſi on en voit de clairetes, de glaceuſes, de ſourdes & de calcidoineuſes, iointes à d'autres inperfections que la veuë diſcerne, & qui ſeroient trop longues à les déduire toutes ; on peut de là conclure bien certainement, touchant leur formation : à l'eſgard de celles qui ſont parfaites, que la terre eſt franche, & dans vne belle diſpoſition, & à l'eſgard des imparfaites que la terre eſt ou boeuſe & glaireuſe, graueleuſe ou ſableuſe. Ce qui arriue ſouuent aux Saphirs & aux Rubis, voire à toutes les autres Pierres de couleur, C'eſt à ſçauoir d'eſtre belles & nettes en partie, & au ſurplus d'eſtre fumeuſes & calcidoineuſes.

Ie mets la Topaſe auec le Saphir pour ne faire point tant de Chapitres, & par ce que ces deux pierres ne different point entre elles en nature ny en dureté, mais ſeulement en couleur. Le Saphir (qui eſt plus noble pour les raiſons qui ſuiuent) eſtant Oriental, a la couleur de bleu celeſte, c'eſt à dire d'vn azur excellement beau ; toute diferente de celle du Saphir qu'on aporte du Puy en Auuergne qui eſt de groſſe couleur, & qui tire ſur le vert, ſinon toutefois que celuy cy eſt plus dur. De fait dans le vingtquatrieſme Chapitre de l'Exode, verſet dixieſme, ſa couleur eſt comparée au bleu celeſte en ce qu'il eſt dit, Que Moyſe, Aaron, Nadab & Abiu, eſtans montez ſur la montagne auec les Septante Anciens d'Iſraël, virent le marchepied du Seigneur comme vn grand & manifique ouurage de Saphir, de la couleur du ciel lors qu'il eſt ſerain : Pierre, certes, dont l'eſtime doit eſtre beaucoup releuée s'il eſt vray ce que les Sages d'entre les Iuifs tiennent, que les tables toutes entieres de la Loy, eſcrite du doigt propre de Dieu; & cette miraculeuſe Verge de Moyſe, en eſtoient: & d'autant plus que dans l'Egliſe, la bague Epiſcopale eſt vn Saphir. Ces Hebreux diſtinguent les Saphirs par leurs couleurs, & en remarquent de deux ſortes. Les Homiliaires d'entre eux diſét, qu'il y en a de blancs, & mettent au nombre des Diamans (comme celuy duquel i'ay parlé cy deuant, dont on fit l'eſpreuue à Rome ſur vne enclume pour ſçauoir ſi ce n'eſtoit point vn Saphir au lieu d'vn Diamant) leſquels le Rabin Saadias place auec les Criſtaux : & qu'il y en a de la couleur du Ciel entre le blanc & le bleu. Il eſt vray quand vn Saphir eſt clairet, net toutesfois, qu'on le blanchit par le moyen de l'or entre deux creuſets lutez; Car l'or ſe fondant donne vne grande chaleur au Saphir qui ſurnage, par la vehemence de laquelle le Saphir perd abſolument ſa couleur naturelle, & deuient blanc ſans la pouuoir reprendre iamais, au contraire du Topaſe, comme ie diray. Or ayant acquis par artifice cette blancheur, & eſtant taillé, il approche de la beauté du Diamant, par ce que c'eſt la pierre la plus dure apres luy, & que la dureté dans les Pierres eſt la principale cauſe de leur eſclat, Ce que l'on doit obſeruer pour vne regle generalle & infaillible.

B ij

Qui en voudroit dire toutes les vertus entreroit dans vn long difcours. On en fait des poudres, des teintures, & des liqueurs : pour les yeux, pour le cœur, contre les venins, les fieures, les contufions; contre enfin vne infinité de maux; mefme on tient qu'elle refifte au mal contagieux, & que l'appliquant fur le mal qu'elle fait percer la tumeur: Et ce qui eft encore bien remarquable, c'eft qu'elle concilie les bonnes graces & la faueur de tout le monde à celuy qui la porte. Cela eft tiré de Sainct Hierofme, qui l'efcrit bien plus aduantageufement fur le dix-neufiefme Chapitre d'Ifaye.

Pour la Topafe fi elle eft Orientale, elle a la dureté du Saphir, & fa couleur eft vn iaune de citron, couleur mignarde, fatine & agreable: mais fi elle eft du Perou, elle n'eft guere dure, & fa couleur eft orangée, en forte qu'elle n'eft pas confiderée. Que fi vne Orientale fe trouue clairette & nette, on la blanchit de mefme que le Saphir, mais fa premiere couleur reuient au bout d'vn temps; ce qui n'arriue iamais au Saphir comme i'ay dit.

On luy donne le nom de Topafe à caufe d'vne Ifle de la Mer rouge qui s'appelle ainfi; l'a où, dit-on, Iuba Roy de la Mauritanie, felon que Pline l'a efcrit, la trouua le premier: mais quiconque lira la Saincte Efcriture, qui eft infinement plus ancienne, verra que cette pierre a efté trouuée de tout temps, & qu'on l'apelloit Topafe: dans l'Exode, Iob, les Pfalmes, du moins dans le cent dix-huict, & en d'autres endroits. Ie laiffe à Arias Montanus à preuuer que les lettres du mot hebreu pitdah dans l'Exode 28. 15. font les mefmes par tranſpoſition, que celles du mot Topaſe. Selon le meſme Pline on la rencontre auſſi dans les carrieres de l'Albaſtre, & proche de Thebes en Egypte.

On trouue par eſcrit que la Statuë d'Arſinoé femme de Ptolomée Philadelphe, qui eſtoit de quatre coudées de haut, eſtoit d'vne ſeule Topaſe, ce qui n'eſt pas fort croyable, mais comme i'ay dit au commencement, ie raporte ces choſes encore qu'on les doiue iuger auſſi bien que moy impoſſibles, par ce que la nature ne fait point cette ſorte de merueilles en ſi grand volume, mais pluſtoſt en petite quantité de matiere pour les rendre plus rares; poſſible auſſi que les auteurs ignorans la nature des veritables matieres dont ces Statuës eſtoient faites, leur ont donné des noms de pierres precieuſes qu'ils ne cognoiſſoient pas. Ie veux dire que j'adjouſte ſeulement ces choſes par diuertiſſement, & pour deſabuſer ceux qui n'ont pas vne ſi parfaite connoiſſance des pierreries qu'ils n'y puiſſent eſtre trompez ſur le recit principalement des Auteurs qui ſont parmy nous en tres grande reputation. I'en dis autant des vertus de chaque pierre, pour raiſon deſquelles ie me tiens aux opinions d'autruy, & à tout ce qu'on leur en veut attribuer, ne faiſant eſtat que de rendre raiſon bien ſimplement de mon Art autant que i'y peux cognoiſtre. Vn Auteur moderne raporte vne choſe bien plus eſtrange, qu'Hildegarde femme de Theodoric Comte de Holande, fit preſent à vn grand Perſonage d'vne Topaſe, qu'il appelle Chryſopaſe, laquelle placée dans vne Chapelle ou elle fuſt miſe, eſclairoit la nuiĉt en telle ſorte qu'en quelque part de la Chapelle qu'on fuſt, on lifoit auffi facilemennt qu'en plein iour. Mais pour fortir des fables, car j'eftime que ç'en eft encore vne, ie diray qu'en cette Ville il y a vn Prefident d'vne Cour Souueraine, qui a vne Topafe Orientale à huit, pans, taillée au cadran, admirablement belle & grande, puis qu'elle pefe vingt-deux carats. Or auant de paffer plus auant on nottera fur cela, qu'vne pierre de couleur pour eftre parfaite & accomplie, doit en fa forme ronde ou quarée, eftre haute en couleur, & que cette couleur foit efgalle & entierement nette tant en fon fond, qu'en fa hauteur: & de plus qu'elle doit eftre taillée au cadran à huict pans auec des degrez au deffous, affin qu'elle réponde bien à la veuë, & qu'elle foit agreable, par ce que la couleur des pierres taillées au quadran eft fatinée, & celle des pierres qui font en table, ronde ou cabouchon, veloutée, & par confequent beaucoup moins agreable à voir.

Ses vertus font auffi fingulieres fi elles font vrayes: car on tient que comme elle eft froide de fa nature, que non feulement elle rafraichit la peau, mais qu'elle reftraint le fang des playes; qu'elle appaife la colere, la bile & la phrenefie, mefme qu'elle diffipe les frayeurs noctures, & les accez lunatiques. Et que fi vn homme ou vne femme la porte à fa main gauche, qu'elle le preferuera de la fenfualité.

DV RVBIS, DV RVBIS SPINELLE,
& du Rubis balais.

CHAPITRE IV.

L E Rubis eſt la plus belle de toutes les pierres de couleur, ſuppoſé qu'il ſoit net & au quadran. Ie le mets au troiſieſme rang, quoy qu'il ſoit de la meſme dureté que le Saphir, mais c'eſt que le Saphir approche le plus du Diamant. Il y a ſimplement le Rubis, puis le Rubis ſpinelle, & le Rubis balais, le nom du premier eſtant commun aux deux autres, quoy qu'ils ſoiét differents en couleur & en dureté. Le Rubis a cét aduantage par deſſus les autres pierres, qu'il n'y en a que d'Orientaux. Sa couleur naturelle eſt incarnate fort viue, & ſa dureté pareille, comme i'ay, dit au Saphir. Celle du ſpinelle eſt de couleur de feu, mais cette pierre eſt vn peu plus tendre que le Rubis, & eſt en recompence tres dificile à polir. Et celle du Rubis balais de la couleur de roſe paſle, ſinon qu'il ſe charge d'auantage de couleur s'il eſt grand. On peut croire aiſement que ceſte pierre eſt bien aymable ſi elle eſt dans ſa perfection, & c'eſt tout dire qu'aujourd'huy ſon prix excede celuy du Diamant, & qu'elle eſt abſolument deuenuë fort rare.

Or comme il n'y a point de qualité de pierre exempte d'imperfection, celle-cy en a ſa bonne part, puis que comme Rubis elle eſt fort ſujette à eſtre calcidoineuſe, glaceuſe, clérete & ſourde. On tient que le Rubis naiſt dans l'Iſle de Zeilan, & que ce ſont les plus grands, & quand aux plus petits, dans Calecut, la Cambaye, & Binager ; mais les tres fins dans le Fleuue Pegu. On rapporte que le plus gros qu'on ayt iamais veu eſtoit celuy que poſſedoit le Roy de cette Iſle de Zeilan, par ce qu'il eſtoit long d'vne palme, & eſpois du bras d'vn homme (c'eſt comme on le décrit) lequel jettoit plus de lumiere dit-on, que n'euſt peu faire vne groſſe flame de feu. L'Empereur Rodolphe ſecond, ſelon le recit d'Anſelme Boëce ſon Medecin , en auoit vn de la groſſeur d'vn petit œuf de poule, qu'il auoit herité de ſa ſœur Elizabeth, vefue du Roy Charles neuf, lequel il dit auoir eſté acheté autrefois ſoixante mille ducats.

Touchant le Rubis balais vigenere ſur le Cyclope de Philoſtrate, dit, que Ioſaphat Barbaro Gentil'hóme Venitien , recite à la Seigneurie de Veniſe dans vne ſienne relation : que lors qu'il eſtoit Ambaſſadeur pour la Republique aupres d'Vſumcaſſan Roy de Perſe, vn certain iour de l'année 1472. qu'il euſt Audience ſolemnelle, ce Prince luy fit veoir vn mouchoir plein de pierreries toutes rares & d'vn prix tout à fait ineſtimable. Qu'entre autres il y auoit vn Rubis balais en table, d'vne fort belle forme, gros d'vn bon doigt, du poids de deux onces & demie, & d'vne couleur ſans pareille, en ſorte que c'eſtoit vn veritable parangon, mais ſi extraordinairement beau & accomply, qu'il reſpondit au Roy qui luy auoit demandé ce qu'il l'eſti-

moit

moit ; qu'il n'eſtimoit pas poſſible de payer vne ſi belle pierre qu'en baillant en eſchange quelqueCité, ou meſme vn Royaume. Cela eſt dit bien ingenüement ; mais c'eſt vne maniere de s'exprimer qui fait aſſez comprendre qu'il eſtimoit cette pierre pour l'vnique qui fut au monde : & de fait elle eſtoit extraordinaire en la maniere qu'il la deſcrit.

Vne perſonne de condition de cette ville en a trois, dont ce Roy, s'il les eut eus en ſa poſſeſſion, auroit tiré vne bien plus grande vanité. L'vn auoit eſté en œuure dans vneCouróne d'or toute remplie de pierreries dont le Pape Eſtienne cinquieſme qui vint en France en 817. couronna à Reims Louis le Debonnaire Roy de France & Empereur ; Ceremonie qui ne s'eſt point faite en cette ville là depuis Clouis, & ce Rubis eſtoit en forme de lozange, du poids de ſix gros & demy, quatre grains, reuenans à cent vingt trois carats & demy. L'autre qui eſt en forme d'œuf, peſant vne once, cinq gros, quatre grains, reuenát à deux cens quarante quatre carats, & trois quarts, fuſt donné par les Napolitains en 1264. du temps de Saint Louis, à Charles Duc d'Anjou Frere du Roy, apres qu'il eut chaſſé Mainfroy hors de la Sicile. Et le troiſieſme en forme de coſte, peſát vne once, trois gros, douze grains, reuenant à deux cens neuf carats, vient d'Anne Ducheſſe de Bretagne, qui fut mariée au Roy Charles VIII. en 1491. laquelle apporta ce Rubis entre autres bagues & joyaux.

En fin ſi les qualitez du Rubis doibuent eſtre en luy auſſi éminemment belles, qu'il eſt rare & beau ; il

en a ſans doûte d'excellentes, & en quantité. Pour moy
cóme j'ay tousjours crû qu'il n'y auoit rien au monde
qui n'apportaſt quelque vtilité notable à l'homme,
fondé ſur ce que toutes les creatures luy furent ſous-
miſes dés le commancement, & que comme les herbes
meſme, que nous foulons aux pieds ont en elles des
vertus toutes ſingulieres, que l'on y deſcouure tous
les iours, pour la meſme raiſon ie tiens que les
pierres, dans leſquelles eſt renfermé tout ce qui peut
meriter le nom de beau, en ont auſſi, mais des effe-
ctiues & tres rares, pour reſpondre à cette beauté ſi ſurprenante que nous y voyons. On tient qu'il reſiſte
aux venins, preſerue de la peſtc, eſpure les eſprits,
chaſſe les mauuaiſes penſées, détourne les ſonges fa-
cheux, procure les agreables ; & de plus manifeſte les
infortunes ou les deplaiſirs qui doiuent arriuer. Et
pour verifier qu'il a cette vertu, on recite vne hiſtoire,
que Vvolphangus Gabelchouër eſcrit de luy meſme, de
ce qui luy eſt arriué autrefois. Que faiſant voyage
auec ſa femme, il s'apparçeut, qu'vn Rubis qu'il portoit
au doigt, de tout temps, autant beau qu'on ſe le peut
imaginer, perdit tout à coup ſa couleur viue & brillante, & qu'il deuint ſi obſcur qu'il en eſtoit preſque
tout noir; Ce qui luy cauſa du deplaiſir. par ce que
la pierre demeura long temps en cét eſtat, ſi long temps,
qu'il crût tout de bon que c'eſtoit vne pierre perduë.
Qu'il en aduertiſt ſa femme, & qu'il luy fit entendre
que cette auanture luy prediſoit quelque choſe de ſini-
ſtre, & que cela arriua au bout de quelques iours, que
ſa femme qu'il aimoit paſſionement tomba malade &

mourut.   Mais qu'apres ceste mort par vne merueille
plus surprenante, le Rubis reprit son lustre, & deuint
aussi beau qu'auparauant.   C'est ce qu'a escrit vn Medecin de Leide que j'ay suiuy.

Quittons le Rubis pour parler maintenant d'vne autre pierre, qui ne cede nullement ny en couleur, ny
en belles qualitez à pas vne autre, tant elle est belle,
sinon qu'elle est vn peu plus tendre que le Rubis.

DE L'EMERAVDE.

CHAPITRE V.

’AY affez expliqué au premier Chapitre, quel eftoit mon deffein dans ce Traité, pour n'eftre pas obligé de le repeter; qui n'aboutit en tout cas qu'en vn mot, qui eft, que ie m'atache precifement à l'ordre deu aux pierreries felon leur dégré de perfection, & principallement à celuy de leur dureté, de laquelle prouient tout le luftre & la beauté qu'elles peuuent auoir, & que l'on y remarque. Suiuant donc cét ordre, l'Emeraude eft celle dont nous deuons parler à prefent.

Elle eft moins dure que le Rubis balais; & entre les Emeraudes, les Orientales le font plus que les Occidentales. Quand à la couleut, celle des Orientales' eft plus mafle, c'eft à fçauoir, qu'elle eft d'vn vert haut en couleur, tirant vn peu fur le brun; & celle des Occidentales, de l'Amerique, ou du Perou, eft proprement d'vn vert gay.

Anfelme Boëce efcrit, qu'elle eft nommée diferamment, Prafine, Neroniane, ou Domitiane: Et pour rendre raifon de ces deux derniers noms, il fait vn petit conte, par lequel il donne à entendre que Neron ou Domitian, fans fpecifier lequel des deux, graiffa ou enduit tout vn rocher d'vne certaine huifle qu'il auoit

D iij

reseruée long temps expres dans plusieurs vases : & que cette huisle eust tant d'effet que le rocher dont se tiroient les Esmeraudes, acquit vne couleur beaucoup plus viue & plus verdoyante. Ou bien qu'elle fut appellée Neroniane, du nom d'vn certain Lapidaire qui s'appelloit Neron (ce qui est plus vray-semblable) par ce que ce fut luy le premier qui l'a mit en vogue.

Pline au cinquiesme Chapitre du 37. Liure de son Histoire naturelle, conte de douze sortes d'Esmeraudes, comme la Sesytique, la Bactriane, l'Egyptiene, l'Ethiopiéne, la Persique, Medique, Attique, & les autres : qui toutes nous sont inconnües absolument sous ces noms là, car nous ne connoissons que les Orientales & les Occidentalles, comme j'ay dit.

Le mesme Boëce raconte, que les Arabes enrichissoient leurs édifices d'vne pierre qu'ils appellent Colam, qu'il dit estre vne espece d'Emeraude. Mais ce n'est point ceste sorte de pierre, dont Rodrigo de Tolede fait mention dans son Histoire Sarrasine, dans laquelle il dit, qu'au temps que l'Espagne fut subjuguée par les Sarazins (il faut que ce soit en l'année 713.) & la Ville de Tholede prise par Tarik Barbare de nation; ce Barbare entre autre butin trouua dans cette Ville là vne table épouuantablement grande (car elle auoit 365. pieds de long) laquelle estoit d'vne seule pierre verte, que cét Auteur fait passer pour vne Emeraude? Et n'est-ce point, comme il faut aussi entendre, ce qui est porté dans le Liure d'Ester, premier Chapitre, 6. verset, touchant ce grand & manifique banquet d'Assuërus, qu'il fit preparer pour tous les grands de sa Cour, puis

qu'il est dit, que ce fut dans vne sa'.e d'vn voluptueux
iardin; & que l'a il y auoit des li.s pour les conuiez,
tous d'or & d'argent, qui estoient arrangez sur vn paué
d'Esmeraudes & marbre blanc, appellé Parius, d'autant
qu'on le tire en l'Isle de Paros? I'aduouë que ce seroit
vne chose tres belle & bien surprenante, si ces sortes de
pierres, & particulierement la premiere, qui est d'vne si
demesurée longueur, auoient esté des Esmeraudes, veu
qu'on ne voit rien d'aprochant; Mais ce qui me fait
doûter de la foy de cét Espagnol, c'est, que cette table
n'a point esté conseruée, comme elle auroit esté sans
doûte par qui que ce soit, comme vn miracle de nature,
que tout l'or du monde n'auroit pû payer.

Aussi Garcias Ab horto au premier Liure des Aro-
mates & des simples, Chap. 52. enseigne qu'on fait
des Vases mirrhins de Iaspe si parfaitement vert, qu'on
s'y méprend de telle maniere, que l'on les prend pour
de veritables Esmeraudes.

Il est vray que les Esmeraudes sont d'ordinaire assez
petites. Nonobstant on en a trouué autrefois, ce dit
Theophraste au rapport de Pline, vne de quatre coudées de long, & de trois de large, que le Roy de Babilone enuoya pour present à celuy d'Egypte: De laquelle Krantzius semble vouloir parler, quand il escrit
au Liure 7. Chap. 5. que le Roy de Babilone enuoya
au Sultan d'Egypte, vne coupe d'vne seule Esmeraude,
laquelle contenoit vn septier de baume. Quelque vns
d'ailleurs disent qu'en Egypte, dans le Temple de Iupiter, il y auoit vne obelisque de quarante coudées de
haut d'vne seule Esmeraude. Comme ces grandes &

monftreufes pieces font tout à fait extraordinaires &
incroyables, nous nous arrefterons à ce qui eft le plus
croyable & le mieux certifié. Ie trouue qu'en la prin-
cipalle Eglife de Mayence on y vit, il y a fix cens ans
vne Emeraude de la grandeur d'vn demy melon (ceux
qui en efcriuent la comparent ainfi) qui pendoit du
haut de la voute, & qui brilloit extraordinairement : &
qu'à Gennes il y a vn plat bien grand qui en eft.
De plus, fuiuant les relations de l'Amerique, Fernandez
Cortez eut entre autre butin de la Prouince furnom-
mée la Caftille d'or, cinq Efmeraudes eftimées pour lors
cent mil efcus. Et que la premiere eftoit taillée comme
vne rofe auec fes feüilles. La feconde comme vn ho-
chet. La troifiefme felon la forme d'vn poiffon. La
quatriefme comme vne clochete, dont le batan eftoit
vne groffe perle faite en poire. Et que la cinquiefme
eftoit vne taffe dont vn lapidaire de Gennes offrit
quarante mil ducats. Mais pour releuer infiniement
l'excellence de l'Efmeraude, il n'y a qu'à lire ce qui eft
porté dans l'Apocalypfe de Saint Iean ; que Dieu, pour
manifefter mieux fa gloire, eftoit apparu dans vn Iris
de la couleur d'Efmeraude.

C'eft vne opinion commune que l'Efmeraude naift.
dans le Iafpe côme le Rubis naift dans le Rubis balais.
Celle de Theophrafte, eft, qu'il s'en trouue en Chypre
vne tres grande quantité, dans les mines de cuiure,
dont on fe fert pour la foudure d'or, au lieu de Borax,
ou de Chryfocolle : & quelques fois, ce dit Volaterran,
dans les mines d'or : & que pour la conferuer en fa
beauté, & luy redonner fon luftre, qu'il faut feulement

ou la tremper dans le vin, ou l'en froter, & la laisser
quelque temps dans de l'huille verte.

C'en est vne autre touchant les vertus & proprietez,
la pluspart desquelles ont de l'apparence, si ie ne me
trompe, comme celles cy; qu'elle rejoüit la veuë, &
conforte la memoire; & que pour cette raison dans la
paraphrase Ierosolymitaine on luy attribuë vn nom,
bien significatif, & qui fait entendre manifestement
qu'elle a cette proprieté. Et on adjouste qu'elle con-
serue la chasteté, & d'écouure l'adulterre; ne pouuant
du tout point souffrir l'impudicité, autrement qu'elle
se rompt de soy mesme en pieces, ainsi que le fait entendre Agricola. On dit encore qu'elle se brise dans
les maladies violentes : qu'elle arreste l'hémorragie, la
dissenterie, & les hémorroides trop abondantes : qu'elle
rend les personnes aggreables, éloquentes & discretes:
bref qu'elle est salutaire contre les venins, & que mesme elle fait predire l'auenir, auec tant d'autres facultez
qu'on luy attribüe, qu'on auroit peine de les croire
toutes. En fin cette pierre est si delectable, que les
Mages & les Astrologues l'attribuent à la Déesse Vénus,
comme à la Déesse de beauté & du plaisir.

E

DE L'AMETHISTE ET DE L'Aygue-marine.

CHAPITRE VI.

SELON donc cét ordre que ie me suis prescrit, l'Amethiste doit suiure immediatement apres l'Esmeraude, laquelle est vne pierre des plus agreables. Quand elle est tailléc au quadran à huict pans, sa couleur est satine; ou au contraire si sa table est ronde & en cabouchon, sa couleur est veloutée. Elle a ce nom d'Amethiste, ou pour raison de sa couleur, ou à cause de sa proprieté & vertu singuliere que plusieurs Autheurs luy attribüent : & de fait le nom semble ne vouloir signiffier autre chose : Ou pour raison de sa couleur, d'autant qu'elle aproche de celle du vin fort clairet & trempé d'eau : Ou pour raison de sa vertu, d'autant qu'elle empesche l'yuresse où l'effet des fumées du vin. De la premiere opinion est Plutarque au troisiesme liure des propos de table, question premiere, auquel lieu faisant parler vn certain Tryphon, il dit, que ceux là se trompent fort, qui maintienent qu'elle est ainsi nommée, pour ce qu'elle empesche l'yuresse, mais que seulement c'est pour sa couleur, qui est pareille au vin trempé d'eau; quoy qu'ailleurs dans le traitté, intitulé, comment il faut lire les Poëtes, il semble approuuer la coustume de pendre au col des beuueurs vne

Amethifte, de peur qu'ils ne fe prennent de vin. Et
Rüel de mefme luy, lequel fouftient le femblable en
fon premier Liure des plantes. De la feconde opinion
eft Ariftote apres les anciens Poëtes, lefquels font vne
telle fiction ; Qu'vne ieune fille, extraordinairement
belle, eftant trop preffée du Dieu de Bacchus qui en
eftoit paffionnement amoureux, fut par l'aide de Diane, qu'elle inuoqua à fon fecours, metamorphofée en
cefte forte de pierre precieufe, qui eut le nom d'Amethifte : & que Bacchus, quoy qu'irrité de ce changement, voulut neantmoins pour marque de fon amour,
qu'elle fuft teinte de fa couleur, & eut la vertu d'em-
pefcher l'effect du vin.

Encores que Pline au quatorziefme Liure, Chapitre
neuf, en met de cinq efpeces, entre lefquelles, il dit,
que l'Indique eft la plus belle, nous n'en auons que
de trois fortes. Premierement les Orientalles. Secondement, les Carthagenes. Tiercement, celles d'Allemagne, lefquelles different en dureté & en couleur
les vnes des autres. Les premieres, qui font les Orientales, font plus dures que les deux autres fortes : & les
Carthagenes plus que celles d'Allemagne; circonftance
tres importante & tres remarquable dans les pierres,
puis que toute leur viuacité & leur efclat, comme j'ay
desja dit deux fois, prouient principalement de leur dureté. Les premieres, dis-je, qui font les Orientales, font
d'vne couleur colombine ; les fecondes ou les Carthagenes de couleur de penfées :& les troifiefmes qui font
celles d'Allemagne, violetes. Quelques vns donnent
le nom de Rubis violet à celles dont la table eft ronde,

& qui font en cabouchon , quoy qu'elles foient bien differentes du Rubis pour la dureté, c'eft à fçauoir qu'elles foient beaucoup plus tendres. Il y en a de deux fortes aux Ifles vers Carthagenes, Les vnes de couleur de gris de lin, & les autres de couleur de penfées clairetes. Il en croift pareillement en quantité dans l'Allemagne de couleur violette, mais fujettes à eftre fourdes. Les plus belles fe trouuent dans les Indes, Armenie, Ethiopie, Cypre, & autres lieux de l'Orient. Et pour ces vertus particulieres, outre qu'elle empefche l'yureffe, (fuppofé que cela foit) elle diffipe les mauuaifes penfées de l'efprit, & y introduit les belles, & les fatisfaifantes; mais ce qu'elle a de plus exquis, eft qu'elle rend la perfonne qui la porte, gentille, & induftrieufe, & de plus, fort vigilente & allegre.

A l'efgard de l'Aygue-marine, que i'adjoufte à ce Chapitre pour eftre plus bref, encores que ce foit vne pierre toute differente de l'Amethifte, & qui pour cefte raifon pourroit eftre mife à part, elle luy peut tenir compagnée, attendu qu'elle a la mefme dureté que l'Amethifte Orientalle, prefque pareille à celle du Saphir. Arias Montanus remarque, que c'eftoit la dixiefme pierre de ce fuperbe & miraculeux Rational du grand Preftre, laquelle en langue Hebraïque eft appellée Tharfis, foit du nom de celuy qui l'a trouuée, ou du lieu ou elle eftoit apportée; c'eft à dire de cefte partie d'Afrique, qu'on appelle Carthage: mais pluroft qu'elle eft ainfi nommée à caufe de la couleur de la Mer qu'elle a en foy, & que la Mer Mediteranée par Metonymie eft appellée Tharfis. Que ce font les Italiens

qui l'ont appellée Aqua marina, & nous Aygue-marine
à cause de sa couleur, qui proprement est celle de la mer,
& que pour cette raison la Paraphrase Ierosolymitaine,
& Onkelos, par circonlocution, luy donnent le nom
de semblable à la mer, c'est à dire Thalassienne Thar-
sienne, ou Marine, ces trois termes n'ayans qu'vne
mesme signification.

Laissant ceste curiosité du nom, ie me persuade facilement que cette couleur de vert de mer, qu'a l'Aygue-
marine, luy prouient de ce qu'elle croist & se forme le
long des coStes de la mer, & qu'estant ordinairement
baignée du flus & reflus d'icelle, elle contracte pendant
qu'elle se forme la mesme couleur qu'a cette eau; & c'est
ce que l'on doit croire comme vne verité cóstante : Aucuns ont escrit que c'est au fonds de la mer qu'elle se
forme, mais si cela estoit, elle ne seroit non plus dure que
le Saphir d'eau, lequel pour cette raison est aussi tendre
que le cristal. Ie ne m'estendray pas d'aduantage à faire
des remarques sur ceste pierre, sinon qu'il est bon de
sçauoir, qu'on la prend pour le beril qui croist au pied
du mont Taurus, & de plus que c'est la Callais, dont
Pline fait mention au Liure 7. Chapitre 10.

On ne luy attribuë aucune autre singularité que
ie sache, excepté qu'elle rend la nauigation heureuse à
celuy qui la sur soy, dés qu'il s'embarque, où quand
il reuient au port, pour grand & perilleux que soit son
voyage.

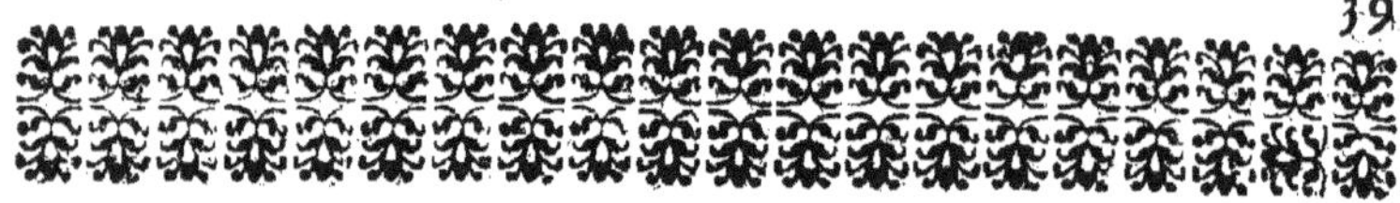

DE L'HYACINTHE.
CHAPITRE VII.

CESTE pierre emprunte son nom, comme il est vray semblable, de celuy d'vne fleur ainsi appellée dans la fable, ou de celle qui prouint du sang du jeune Hyacinthe, tué par fortune du Disque ou Pallet d'Apollon, par la jalousie de Zephyre, lequel malicieusement detourna le coup sur cét adolescent : ou de celle qui nasquit pareillement du sang d'Ajax, ainsi qu'il est descrit dans la metamorphose, & dans Pausanias. Ou bien elle tire son nom de celuy d'vne autre fleur appellée Hyacinthe, par ce que, *i a*, signifie seule, & que *Cynthos*, en langue Attique, signifie fleur : pour faire entendre, que cette fleur pour sa couleur est Ivnique, & la plus belle de toutes, ainsi que dit Fulgence en son mythologique ou peut-estre selon Nonnius, de, *i a*, *Cynthiou*, lesquels deux mots signifient violetes d'Apollon, la fleur empruntant par ce moyen son nom de ce Dieu. En tout cas sans s'arrester dauantage sur l'origine du nom de la pierre, qui à vray dire est sans origine, on en a voulu exprimer la belle couleur par ces fables : D'où est prouenu que la fleur & la pierre n'ont eu qu'vn mesme nom, attendu qu'elles se rencontroient en couleur tout à fait semblable.

Boëce Medecin establit quatre sortes d'Hyacinthes.

La premiere sorte concerne celle laquelle brille comme le feu, & qui a en soy vne couleur descarlate ou de vermillon? & que c'est celle qui en France est appelleé Hyacinthe la belle. La seconde, celle qui a vn rouge jaune de saffran. La troisiesme, celle qui a la couleur pareille à L'ambre jaune, si fort semblables, qu'horsmis sa dureté & qu'elle n'attire point la paille, on la pourroit prendre pour de l'Ambre. Et la quatriesme sorte celle qui n'a qu'vne couleur blaffarde & transparante, & dit le mesme Boëce, que Ruëus y en adjouste vne autre espece qui participe d'vne couleur fauue & bleuë.

Quand à moy selon mon Art, & selon l'experience que j'ay acquise, j'en mets de trois sortes, sçauoir est, l'Hyacinthe Orientalle, celle de Portugal, & l'Hyacinthe la belle qui pour l'ordinaire est cheuée. L'Orientalle qui vient du Calecut, & de la Cambaye, est de la dureté de l'Amethiste Orientalle, & d'vne couleur orangée haute en couleur qu'on rend plus gaye si on la taille au quadran. Celle de Portugal est de la dureté à peu prés de l'Orientalle, quoy qu'elle soit vn peu plus tendre & d'vne couleur tirant sur le soucy. Et d'autant que ceste seconde sorte est fort sujette, a estre mal nette, & pleine de grains, on la taille quasi tousjours à facetes, pour cacher ses imperfections. Et celles qu'on appelle Hyacinthe la belle, laquelle j'estime venir de la Bohëme, & celle là comme j'ay dit, est cheuée.

A l'esgard de ses vertus ou proprietez, quoy qu'elles soient la plufpart ou fabuleuses, ou superfticieuses, ie ne laifferay pas de les metre succintement, ainsi que i'ay commancé. Premierement on tient qu'elle calme la mer, & appaiſe les orages, ſi l'effigie de Neptune y eſt grauée. Qu'elle prouoque le ſomeil : fortifie le cœur : augmente la prudence : auance les hommes dans les biens & dans les honneurs : rejoüit l'eſprit : preſerue du mal contagieux : meſme que celuy qui la porte ſur ſoy eſt garenty du tonnere. Tout cela eſt plus ample-ment déduit dans les exercitations de Scaliger.

DE L'OPALE.

CHAPITRE VIII.

I la diuerfité & la viuacité des couleurs qui fe rencontrent dans les Pierres pre-cieufes, font, comme on n'en doûte nul-lement, la caufe principale pour laquelle on les eftime fi fort : l'Opale qui les a toutes, ou du moins les plus remarqua-bles, doit eftre reputée pour l'vne des plus belles & des plus accomplies que la nature ait pû former. Elle a ce nom d'Opale, ce dit Ifidore au Liure feiziefme, cha-pitre quatre, d'vn Pays aux Indes où elle croit, qui s'appelle ainfi ; Et par ce qu'elle concilie l'amour & la bien-veillance, les Anciens luy ont donné celuy de Péderos; mais plutoft poffible pour fa grace naturelle, & qu'elle eft extremément agreable, que pour toute autre raifon qu'on en apporte. Les Italiens la nomment Girafole ou Scambia, mais ils ne prennent pas garde que cette efpece d'Opale, à qui communement on attribuë le nom de Girafole, vient de la Boheme, & qu'elle n'eft prefque point eftimée parmy nous. On à opinion que Solin au Chapitre 54. & Pline au 7. Liure parlant d'vne pierre precieufe qu'ils appellét Hexeconta-lithe, à caufe de 60. couleurs differentes qu'on y remar-que, qu'elle a communes auec les autres pierres pre-

F

cieûſes; ont entendu parler de la vraye Opale dont il
s'agiſt, à laquelle veritable Opale, Pline & le Volateran
attribuent toutes les couleurs des autres pierres, excepté
celle de l'Emeraude, dont toutesfois Iſidore auec tres
grande raiſon ne l'en priue pas. Apres tout pour luy dó-
ner toute l'eſtime qui luy appartient auec juſtice, il n'y a
qu'a ſe ſouueuir de ce que dit Pline au 37. Liure, chap.
6. du Senateur Nonius, lequel en auoit vne extraordinairement belle, & lequel fut exilé pour l'auoir refuſée
à Marc-Antoine, qui la luy auoit demandé : tellement
belle, qu'elle fuſt à lors priſée vingt mille ſeſterces ou
vingt mil eſcus: ſuppoſé qu'on ait bien ou ſceu, ou ſu-
puté, la valeur de ceſte ancienne monnoye.

On en met de quatre ſortes. La premiere tres parfaite & qui imite naïuement l'Iris, par le moyen de ces
couleurs cy, le rouge, le vert, le bleu, le pourpre, & le
jaune. La ſeconde qui au trauers d'vne certaine noir-
ceur enuoye vn feu, & vn eſclat d'Eſcarboucle, qu'on
fait tres rare & tres precieuſe. La troiſiéme qui auſſi au
trauers d'vn jaune fait paroiſtre diuerſes couleurs, mais
peu gayes & comme amorties. Et la quatriéme ſorte
celle qu'on nomme fauce Opale ou Giraſole, laquelle
eſt diaphane & ſemblable aux yeux de poiſſon. On
croit que c'eſt l'aſtroïte de Pline, ce qu'on appelle Oeil
du Soleil, ou le Mitrax des Perſes. Quand à Cardan,
au 7. Liure de la ſubtilité, il l'appelle fauce Opale.

De ma part ie remarque touchant cette pierre qui eſt
l'vne des plus belles & des plus exquiſes qui ſoient au
monde qu'il y a ſeulement, l'Opale Orientale, celle de
Boheme, & la Giraſole. Que l'Orientale a proprement

la dureté de l Emeraude du Perou, & que les deux autres sont plus tendres par degré; La troisiesme l'estant
encore plus que la seconde. Que sa forme est ronde ou
ouale, & tousiours arondie en forme de Perle. Et que
sa couleur principale est vn blanc de laict, parmy lequel
il esclate du rouge, du vert, du bleu, du jaune, du colom-
bin, & plusieurs autres couleurs diferentes, qui dedans
ce blanc surprennét agreablement la veuë. D'où ie con-
clurois facilement que c'est de cette sorte que Boëce dit
en auoir veu vne, de la grosseur d'vne petite noix, dont
il fait monter la valeur à vne grande somme de Thal-
lers.

Elle croist dans les Indes; dans l'Arabie, Egypte, &
Chypre. Et à l'égard de celles de Boheme, quoy qu'elles soient grandes, elles sont neantmoins si peu belles
& si peu viues en couleurs, comme i'ay dit, qu'elles ne
sont non plus estimées, que le sont les Girasoles.

Ses proprietez sont, de rendre aimable la personne
qui la porte, & de luy concilier par ce moyen l'amour
d'vn chacun. De reioüir le cœur: de preseruer contre
les venins, & la corruption de l'air: De dissiper la me-
lancolie: De remedier aux Syncopes, & à la Cardiaque;
& de fortifier la veuë, la rendre plus aiguë & plus sub-
tile.

DE LA CHRYSOLITE.
CHAPITRE IX.

ELLE-CY n'ocupera qu'vne fort petite place, pouuant dire en moins de vingt lignes ce qui en eſt de plus remarquable, en tout cas ce que ie iuge le plus important. Ie ne m'arreſteray pas à examiner ſi cette gentille pierre eſt la Topaſe des anciens, ainſi que quelques vns veulent croire, ny ſi c'eſt la Chryſolampe de Pline, qu'Iſidore & Mardobeus nomment Chryſopaſe, & Albert le grand Chryſopage, ou d'autres encores Chryſopſis : Tous ces noms certes pour vne meſme & ſeule raiſon, de ce qu'elle brille & eſclate d'vn feu d'or tout a fait charmant. Seulement ie diray que la Chryſolite dont nous parlons, & telle que nous entendons ordinairement ſous ce terme, eſt vne pierre Orientale du nombre, & miſe au rang des pierres precieuſes, combien qu'elle ſoit tout autrement tendre que les autres pierres. Sa veritable couleur eſt vn vert naiſſant tirant ſur le iaune, ou vert iaune qui brille d'vne couleur, ou d'vn luſtre d'or. Elle ſe trouue dans l'Ethiopie & dans l'Arabie, mais les plus exquiſes dans les Indes & la Bactrine. Et ſes proprietez ne ſont pas des moindres, puis qu'elle chaſſe la melancholie, & remedie à la courte haleine ; principalement au mal caduc, ainſi qu'on l'a eſprouué : auec ce qu'elle rend les perfonnes affiduës & vigilantes en toutes fortes d'affaires.

On la tailloit autrefois fans faire diftinction des nettes ou mal nettes,en table ronde,ou en cabochon;maintenant les Lapidaires la taillent au quadran;mais feulement fi elle fe rencontre nette. Et cela auec beaucoup de raifon; car a moins qu'vne pierre ne foit abfolument nette, elle a vn defauantage tres notable d'eftre taillée au quadran, par ce que fi elle eft glaceufe, pour vne glace, qu'elle aura, il en paroiftra deux, & au lieu de deux, quatre, & ainfi à l'infiny, par vne multiplication neceffaire & ineuitable autát defauantageufe di je à toutes les pierres pour peu qu'elles foient mal nettes, qu'elle eft auantageufe a celles qui font tres accomplies & fans tare.

DE L'IRIS, LA VERMEILLE
Escarboucle ou Grenat, & de la Cornaline.

CHAPITRE X.

NOVS arriuons insensiblement à de certaines pierres, lesquelles combien qu'elles soiét reputées entre les precieuses, sont neantmoins beaucoup au dessous du prix & de l'estime d'icelles: d'ou vient que j'en mets plusieurs ensemble dans vn mesme Chapitre, & que ie l'obserueray desormais, hors quelques vnes, à l'esgard desquelles ie seray obligé, en quelque façon, d'en traiter separement.

L'Iris qui est la premiere des quatre que ie me suis proposées quand à present, cóme elle tient en apparence quelque chose du cristal, plusieurs au raport de Pline au liure 37. chap. 9. ont crû qu'effectiuement c'estoit du cristal (ainsi qu'assez récemment Boëce ne fait pas dificulté de le soutenir, quoy que ce soit toute vne autre pierre) ou du moins que c'estoit le fond ou la racine d'iceluy. Et cela fondé entre autres, de ce que presque tousjours, ainsi qu'il dit, il croist auec six faces comme le cristal, & que ce nom d'Iris ne luy est donné que pour ce qu'estant exposé au soleil, il renuóye vn lustre & vne lumiere de diuerses couleurs qui imite assez parfaitement l'Iris, ou l'Arc en Ciel. Ce mesme auteur ajouste vne autre Iris appellé l'Iris Citrin, qu'il expose estre vne

pierre dure, de la couleur de cire, laquelle felon le dire
d'Horus, on apportoit du Royaume de Perfe. Et c'eft
tout ce qu'il d'efcrit touchant cette pierre.

Mais proprement l'Iris eft vne pierre Orientale, tenuë
pour telle, encores qu'elle ait peu de cours parmy nous :
dont la couleur naturelle eft vn gris de lin fort tranfpa-
rant, dans lequel aparoift du rouge. Et par ce qu'elle eft
ordinairement nette & parfaite on la taille au quadran :
par ainfi comme on n'en voit point, finon bien rare-
ment, qui foient taillées autrement, on peut de là inferer
par bonne confequence, que cefte pierre eft reguliere-
ment nette & fans deffaut.

C'eft vn des ouurages de l'Orient, où toutes chofes
fe forment fans doûte en plus grande perfection : Et
quoy que la pierre ne foit pas de cefte premiere eftime dont j'ay parlé cy-deuant, elle n'en manquera pas
quand on fçaura qu'elle preferue contre les venins, &
fpecialement contre la morfure de l'Ichneumon, ou rat
d'Inde.

La feconde, qui eft la vermeille, paffe à Boëce pour
vn Grenat, mais c'eft tout vne autre pierre. Ce qu'on
en peut dire eft, que c'eft proprement le meracile, par ce
qu'elle eft d'vne couleur pure, d'vn rouge cramoifi,
chargé de couleur, pas tout à fait fi agreable que l'eft
celle du Rubis. Qu'elle fouffre la violence du feu fans
changer de couleur, ny fe dépolir : Et que s'il s'en trouuoit de grandes (car on n'en rencontre que de petites :
& la plus grande qui fe foit iamais veuë, n'a furpaffe la
grandeur d'vn ancien double) elles feroient autant
eftimées que les Rubis. Elle n'eft pas de fi peu de confe-

quence que le sieur Horlingue n'en ait acheté vne à Constantinople, lors qu'il y estoit, cinq cens escus.

La troisiesme qui est l'Escarboucle, merite vn peu plus d'esclaircissement qu'on ne luy en donne: car à prendre pied sur ce qu'on en trouue par escrit, il est impossible de définir qu'elle est au vray ceste Pierre. Ie doûte mesme qu'on ait bien entendu Pline touchant les diuerses especes dont il traite, ou qu'il se soit luy mesme bien entendu, tant son discours, & celuy qu'on raporte de luy, est embrouillé. Par ainsi ie ne m'attacheray point à ceste distinctió que l'on fait des sexes de l'Escarboucle du masle & de la femelle ; ny à esclaircir & tirer de confusion tant de sortes d'especes qu'on en a voulu mettre; Sçauoir est, les Amethistizontes, d'auec les Lythizontes, les Carcedoines, les Alabandiques, les Ethiopiques, les Anthracites, Sandastres, Lychnites, & les autres; n'y à ceste opinion fabuleuse, que l'Escarboucle esclaire la nuit : à laquelle fable pour donner quelque autorité, Louis de Vertoman recite, que le Roy de Pegu en auoit vne si extrordinairement grande , & si lumineuse, que ce Roy pendant la nuit n'vsoit pour se faire voir d'aucune autre lumiere, d'autant que sa pierre en rendoit vne aussi viue que celle du soleil. Mais me tenant à ce qu'il y a de certain & connu parmy nous, ie diray que l'Escarboucle, laquelle est appellée Antrax par les Grecs, à cause de sa couleur & de son feu, n'est proprement qu'vn Grenat ; & que si les Anciens en ont fait vne estime si grande, laquelle preuaut encores aujourd'huy, & sert à nous deceuoir sous l'apparence de ce nom d'Escarboucle, qui frappe nostre imagination, que vray-semblablement ils donnoient ce nom à vn gros Rubis lors qu'il se rencontroit ; ce qui n'a pû estre autrement.

L'Escarboucle donc ou ceste pierre de consequence qu'on s'imagine, n'est proprement qu'vn gros Grenat cabouchon, d'vn rouge brun tirant sur le sang de beuf ; parce que c'est sa vraie couleur naturelle : lequel est quelquesfois cheué pour faire que la feuille luy baille vne couleur aprochante de celle du Rubis : Car combien qu'il y ait de diuerses sortes de Grenats, les vns de la couleur en quelque façon du Rubis, les autres de la couleur de l'Amethiste Orientale, & les autres de celle de l'Hyacinthe ; on ne peut toutesfois s'y méprendre, par ce que le Grenat à toujours des noirceurs qui le distinguent de ces autres pierres.

On le fait venir de la Carie, & des montagnes des Nasamones ; mais plus certainement il vient des Indes, ainsi que toutes les belles pierres. Il est appellé Syrien quand il est beau ; & est de la dureté de l'Esmeraude Orientale. D'ailleurs il ne manque pas de vertus, quand ce ne seroit que celle d'arrester les defluxions des yeux que luy attribuë Psellus, & qu'Elian au liure huictiesme de l'histoire des animaux, en a voulu dire bien d'autres, par cette seulle histoire qu'il raporte d'vne Cigogne qui laissa tomber dans le sein d'vne femme nommée Heraclée, vne Escarboucle, pour reconoissance de ce que ceste femme peu auparauant l'auoit guerie d'vne cuisse rompuë.

Et la quatriesme, qui est la Cornaline, laquelle n'est estimée que par ce qu'elle est raisonablement dure, principalement pour le labeur, & pour la graueure qu'on y fait, en creux ou en relief. Sa couleur naturelle estant vn rouge tirant sur l'orangé. Elle a la proprieté d'appaiser les douleurs de la colique, & estant puluerisée, elle oste la rouille des dents, & arreste l'hemorrhagie la plus obstinée.

G iij

DE LA TVRQVOISE.
CHAPITRE XI.

A MESVRE que les pierres vrayement precieuſes décheent de ces belles qualitez que i'ay remarquées cy-deuant, ſelon l'ordre & le rang qui leur eſt deu, la matiere pour en pouuoir parler deuient ſterile & m'oblige de n'en traitter que comme en paſſant. Ce n'eſt pas toutesfois que ceſte ſorte de pierre dont il s'agiſt à preſent n'ayt vn credit bien ancien, puiſque le paraphraſte Chaldaïque, traitant de l'Ephod, en fait mention, ſous le nom de Tarkaia, autrement Turquoiſe, qui eſt celuy qu'elle a obtenu depuis parmy toutes les Nations de la Terre : Et que ce luy en ſoit vn autre bien plus grand, d'auoir occupé vn lieu dans le Rational, ſi ce paraphraſte à raiſon, qui n'eſtoit deſtiné qu'aux plus belles & aux plus rares. A quoy on peut adjouſter, ſelon le raport d'Arias, que de toute ancienneté les Iuifs Eſpagnols ne l'ont appellée autrement.

On peut dire que Boëce ſe trompe, & ſe connoiſt tout enſemble tres mal en couleur, quand il dit, que ſi la couleur de ceſte pierre eſt compoſée de vert, de blanc & de bleu, en ſorte que ce méláge ne face qu'vne couleur & exprime naïuemét vn vert de gris ou vert d'airin, que pour lors elle eſt belle : Et vn certain Cómentateur de meſme fentiment que luy comme il y a apparence, fe meprent auffi, lequel veut faire paffer l'Augites de Pline pour vne Turquoife, quoy que ce foit vne pierre verte & claire comme du verre, qui ordinairement fe prend pour le Saphir du Puy. Tout au contraire il eft conftant que fa veritable couleur eft vn bleu Turquin, & que celles que l'on apporte de Perfe, qui font eftimées les plus belles, font de cette couleur. Ces feules veritables Turquoifes eftans hors d'œuure, & regardées au jour font tranfparantes, mais mifes en œuure ne font que luifantes, en vertu d'vne certaine opacité qu'il femble qu'elles ont acquifes dans le chaton : qui eft vne des circonftances qu'il faut remarquer, outre celle-cy, qu'elles gardent plus long temps leur couleur, & beauté.

Nous en auons de Turquie & du bas Languedoc. Les premieres font de la vieille roche auffi bien que les Perfiennes; mais au bout d'vn temps elles fe paffent, fe verdiffent, & deuiennent tellement defagreables qu'on ne les peut fouffrir. Et les fecondes au fortir de la terre font d'vne roche blanchaftre, mais eftant recuïtes dans le feu elles prennent vn bleu Turquin, & font raifonnablement belles; laquelle couleur elles retiennent perpetuellement. Tout le defauantage qu'elles ont, c'eft qu'elles croiffent chez nous, par ce que fi elles venoient de loing nous en ferions vn cas tout extraordinaire.

Les Turquoifes font toujours d'vne taille ronde ou oualle. Et outre qu'elles croiffent en Perfe & en Turquie, il y en a dans l'Inde Orientale, dans l'Efpagne, Boheme, Silefie, & comme j'ay dit dans le bas Languedoc. Les plus groffes n'excedent point la grandeur

d'vne

d'vne noix; neantmoins on raporte que dans le Cabinet
du Duc de Florence, il y en a vne d'vn si grand volume,
que l'Image ou portrait de Iules Cesar y est grauée.

Ses belles qualitez sont, qu'elle fortifie la veuë & les
esprits; qu'elle s'appalit & sert d'auis pour les maladies qui peuuent surprendre : qu'elle se rompt dans
les dangers de quelque precipice impreueu, où d'vne
riuiere ou il y a peril de se noyer; ainsi que Boëce dit
l'auoir esprouué en reuenant de Padouë pour aller en
Boheme ; & qu'elle se ternit dans l'acte venerien,
Outre qu'elle porte bon heur à celuy qui la porte, & que
l'on a remarqué que les peuples de la Mauritanie s'en
seruent vtillement dans la medecine.

DE L'AGATHE, ONIX,
Sardoine & Chalcedoine.

CHAPITRE XII.

C'EST icy qu'on peut dire que la nature se joüe, par la bigarure des couleurs qu'elle met en œuure dans ces pierres, laissant par ce moyen vne belle matiere aux Graueurs & aux Sculpteurs, pour selon leur adresse ordinaire faire des petits miracles. Elles sont en partie transparantes, & en partie opaques. Selon Pline il y a de plusieurs especes d'Agathes : Les Agathes premierement, puis les Phassachates, qui ont vne couleur approchante du plumage des Tourterelles; Les Cerachates, ou Agathes cornuës : les Sardachates qui imitent la couleur de la Cornaline : Les Hemachates ainsi nómées, pour des veines qu'elles ont rouges comme du sang. Les Leucachastes, à cause de leurs veines blanches : Et les Dendrachates, lesquelles par leurs marbrure representent naïuement des arbres debout dans vne libre estenduë de leurs rameaux & de leurs feüillages. Et de fait Camille de Pesaro rapporte en auoir veu vne qui en exprimoit sept parfaitement, dans vne plaine fort agreable, & plantez dans vne belle distance. On y comprend d'ailleurs sous ce nom, la Sardoine, qu'on fait passer pour la Corneolle, ou Carneolle, d'autant qu'elle a vne petite rougeur de chair meslée de ie

ne fçay quoy de brun. Le Sardonix qui tient de deux
eſpeces ; de la Sardoine & de l'Onix, parce que ſouuent
on l'a trouué d'vne couleur ſanguine , auec du blanc &
du noir, par cercles & zones bien compaſſez ; & que
c'eſt ceſte ſorte de pierre dont Polycrates , Tiran de
Samos, auoit vne bague d'vne eſtime toute extrordi-
naire, comme d'vne piece tres precieuſe ; qu'il jetta dans
la mer, au dire du meſme Pline, de Strabon & de Cice-
ron ; pour moderer par cette perte l'excez de ſa bonne
fortune, laquelle luy ſuccedant en toutes choſes, l'auoit
rendu le plus heureux des hommes , qu'il recouura toutesfois cinq iours apres dans vn poiſſon qui l'auoit en-
gloutie, & qu'on luy preſenta, N'ayant pû en cela telle-
mét irriter ſon bon heur ordinaire qu'il pût en quelque
façon ſe le rendre cótraire. Mais ceſte hiſtoire ſeroit bien
ſurprenante, ſi les anciens entendoient que la bague de
Polycrates eſtoit vn Sardonix ; car de deux choſes l'vne,
ou ce n'eſtoit pas vn Sardonix, mais quelque autre pierre
de grand prix qu'auoit ce Tiran, ou ces quatre mille
taſſes qu'auoit Mithridates Roy de Pont, dont ces meſmes anciens parlent tant, n'eſtoient pas faits de cette
pierre, veu que le nombre & la capacité de ces taſſes en
auroient beaucoup diminué l'eſtime, & l'auroient re-
duite au rang des plus communes. Les Chalcedoines
ou Charcedoines, ſi peu rares parmi les Turcs, ſi Bellon
a raiſon de dire en ſon premier Liure des obſeruations,
chap. 64. qu'elle leur ſert à batre le bled auec vne induſtrie toute nouuelle : & adjouſte-t'on que la Chalcedoine eſt cette Onix blanche des Anciens.

L'Onix dont le nom ſignifie Ongle : auſſi la fable qui

s'ingere de rendre raifon de toutes les chofes extrordi-
naires, dit, qu'vn iour Cupidon trouuant Venus fa mere
endormie, prit occafion de luy rogner les ongles auec le
fer d'vne de fes fléches, ce qu'ayant fait il s'enuola. Que
par m'efgarde il laiffa tomber ces rogneures fur le fable
Indien; & par ce que tout ce qui prouient d'vn corps
celefte & diuin ne doit perir, ou eftre aneanty, que les
Parques les ramafferent foigneufement, & les change-
rent en cette forte de pierre qu'ils appellerent Onix, c'eft
à dire Ongles, parce qu'elles en prouenoient. Puis cét
Oeil de Belus, ou Oeil de chat, qu'on appelle Leucoph-
talmos ou Lycophtalmos.

Et finalement ces Agathes rouges comme du corail, qui
naiffent en Candie, mouchetées de points d'or; quel'on
appelle facrées, parce qu'elles preferuent contre le venin
des Araignées & des Scorpions. Ce que ie rapporte en
fómaire touchant l'Agathe & ces efpeces, felon les opinions des anciens & modernes, fans neantmoins que
nous puiffions eftablir vn fondement certain pour pouuoir diftinguer lefd. efpeces les vnes des autres, & deuiner
en quelque maniere, l'ont entendu ces auteurs, & qu'elle
a efté bien certainement l'opinion d'vn chacun d'eux.

Difons pluftoft pour fe debarraffer de cette confufion
que l'Agathe eft vne pierre Orientale fort polie & lui-
fante, tres propre à grauer en relief ou en creux: témoin
que toutes les plus belles & curieufes graueures de toute
l'antiquité iufqu'icy fe font toufiours faites en cette forte
de pierre; l'entens l'Orientale, parce que toutes les autres n'ont point cette dureté qu'il faudroit qu'elles euf-
fent. Elle fe rencontre chargée de diuerfes couleurs,

blanche, tannée, grise, & de plusieurs autres; qui donnent sujet aux Lapidaires de les tailler; en telle maniere, que par vne excellente & industrieuse pratique qu'ils y en font, ils representent des testes & des portraits, des draperies, & cent figures, tellement naïfues qu'il n'y a rien de plus rare. Et s'il est vray ce que tant d'autheurs recitent, que Pirrhus en portoit vne, où les neuf muses (chacune pour la faire reconnoistre ayant sa marque) estoient taillées en relief, auec vn Apollon tenant sa Lyre; on ne pourra plus doûter de la beauté de la pierre ny de l'agreable rencontre de ses couleurs. Ce n'est point en tout cas vne pierre du dernier ordre, puis que dans nostre histoire nous lisons qu'en l'année 1574. le Comte de Tancy Polonois voyant qu'il n'auoit pû atteindre le Roy Henry troisiesme, qui se retiroit en France en grand haste, apres le deceds de Charles IX. qu'à Pichna en Austriche, & qu'il ne pouuoit le faire retourner en Pologne, nonobstant les tres-humbles supplications qu'il luy en faisoit de la part du Senat, il prit la liberté de presenter à sa Majesté vn bracelet d'Agathe, & de la supplier de le garder pour l'amour de luy.

Que l'Onix est propremét cette sorte d'Agathe, laquelle doit estre de trois couleurs, celle de dessus grise, celle de suite tannée, & la troisiesme noire au bas de la pierre, toutes trois distinctes & sans aucun meslange. On la porte ordinairement en anneaux, nonobstant cét insigne vase d'Onix dont parle Vincent dans son histoire, liure 24, chap. 33. qu'Huës Capet Roy de France, presenta à Edouard Roy d'Angleterre si artistement

trauaillé, qu'on y voyoit, ainſi qu'il dit, germer la
ſemence des bleds, produire les vignes, & les images
des hommes ſe mouuoir : Lequel en fin eſtoit ſi clair &
ſi poly, que les aſſiſtans s'y voyoient comme dans vn
miroir.

Que la Sardoine eſt toute d'vne couleur, & du tout
point eſtimée.

Et que la Chalcedoine eſt auſſi d'vne couleur, ou
tirant ſur le jaune, ou tirant ſur le bleu. Pierre dure &
tranſparente, tres propre à grauer en creux ou en
relief.

Nonobſtant que Pline maintienne, que les premieres
Agathes furent trouuées en Sicile, le long du fleuue
Achates, qui ſelon Leandre eſt aujourd'huy le Cantera,
& que de ce fleuue elles tirent proprement leur nom;
neantmoins on les a rencontrées de toute antiquité au
Royaume de Perſe, en l'Iſle de Rhodes, en Phrygie ou
Natolie en Trache vers Meſſine, & en l'Iſle de Leſbos
dite Metelin.

Ses proprietez entre les autres ſont (car ſous ce nom
d'Agathe, ie comprends toutes les eſpeces.) Qu'elle preſerue contre les morſures des beſtes venimeuſes, & particulierement contre celle du Scorpion. Qu'elle deſal-
tere vn febricitant dans la plus grande ardeur de ſon
accés s'il la tient dans ſa bouche. Qu'elle cauſe vne abondance de toutes ſortes de biens à celuy qui la porte.
Que ſelon le Vollateran elle appaiſe les douleurs, fait
paſſer les fieures tierces & quartes, & liquifie les os ſi on
les meſle enſemble dans de l'eau boüillante. Qu'elle
conſerue la chaſteté; & eſtant penduë au col, enſorte

qu'elle soit sur la potrine, qu'elle reprime les chaleurs amoureuses. Que les Persans ont opinió que son parfum detourne les tempestes & les foudres, & pareillemét l'impetuosité des Torrens: Et qu'estant d'vne seule couleur qu'elle rend inuincible celuy qui l'a sur soy. De là vient qu'on a attribué ceste vertu particulierement au Chalcedoine, & qu'on a dit que Milon Crotoniate augmentoit par ce moyen ses forces surnaturelles, en ayant tousiours vne auant que d'entreprendre, ou quelque effort extraordinaire, ou d'entrer en lutte. A quoy on peut adjouster, qu'on fait de toutè ancienneté des Cachets de ces sortes de pierres, parce qu'elles y sont propres, & qu'elles ne retiennent du tout point la cire, mais laissent l'empreinte tout à fait belle & nette.

DV IASPE

DV JASPE, DV LAPIS
& du Chriſtal.

CHAPITRE XIII.

E mot de Iaſpe eſt purement Hebreu, que les Latins non plus que nous, n'ont point changé, quoy qu'en quelques verſions Grecques il y ait celuy de Beryl. Onkelos luy donne le nom de la Pantere, à cauſe des taches qu'elle a ſemblables auec cét animal. Pline au meſme Liure que i'ay tant de fois cité, chap. 8. en met de pluſieurs ſortes. Qu'il y en a d'vn vert tranſparant qui retire à l'Eſmeraude, lequel croiſt dans l'Inde. D'vne autre ſorte en Chypre, fort dur, blanc & vert. D'vne autre de la couleur du Ciel, qui ſe trouue en Perſe, lequel pour cette occaſion les Grecs appellent Aërizuſa. Aux monts Caſpies, & le long du Fleuue Thermodon, qui paſſe par la contrée Themiſcyre, voiſine de Capadoce. D'vne autre ſorte en Phrygie, qui eſt purpurin; Et en Capadoce qui eſt de pareille couleur de pourpre, tirant toutesfois ſur le bleu, mais ſans luſtre.

Que le plus beau eſt celuy qui tire ſur vne couleur de lacque ou de pourpre: Et apres celuy là, le Iaſpe incarnat, ou de couleur de roſe: puis celuy qui a vn vert d'Eſmeraude.

Qu'il y a d'ailleurs d'autres Iaſpes ; l'Onychipunta ou

Iaſponix, ainſi nommé, parce que d'vn coſté il retire à l'Onix, & de l'autre au Iaſpe. Ceſte ſorte eſt chargée d'eſtoilles ou de points roux. Le Capnias, ainſi dit, par ce qu'il a vne couleur de fumée. Le Grammatias, pour ce qu'il a vne ligne blanche qui le trauerſe, & le Polygramme, d'autant qu'il a pluſieurs lignes qui le trauerſent pareillement.

Quoy qu'il en ſoit, pour finir ceſte pierre, & parler en ſuite des deux autres, ie diray qu'il en croiſt en pluſieurs endroits & de diuerſes couleurs : meſme en France & en Allemagne ; mais qui n'ont aucune beauté en comparaiſon de ceux d'Orient. Que le plus en eſtime à preſent eſt le vert, chargé de petites taches rouges : Et par ce que ces taches ſont comme des goutes de ſang , on tient qu'il arreſte toutes ſortes d'hemorrhagie, principalement celles du nez. C'eſt vne Sphragide , c'eſt à dire vne pierre propre à faire des cachets, auſſi bien que l'Agathe, car il eſt aſſez dur , eſtant Oriental : tres propre dis-je pour grauer en creux, ou en relief, & pour faire des boëtes de montres. Le meſme Pline dit auoir veu l'effigie de l'Empereur Neron, armé d'vn corps de cuiraſſe, faite d'vn Iaſpe d'vn pied de long. Mais ceſte pierre a eſté bien plus petite que celle dont parle Leandre en ſa deſcriptió de l'Italie, que l'on a dediée à l'Egliſe de Montreal de Sicile, pour la reception des eaux baptiſmales, puis qu'elle a dix palmes de tour, ainſi qu'il aſſeure.

Ses vertus ſont d'étancher le ſang, D'empeſcher l'auortement ; voire de procurer des couches fauorables. De guerir l'Epilepſie, De diſſiper les penſées ennuyeuſes, D'empeſcher la generation du calcul. De preſeruer

contre les venins, mefme contre les perils de l'eau. Et
fi on veut croire tout ce qu'on en efcrit, les Orientaux
le portoient autrefois comme vn preferuatif contre les
charmes.

A l'efgard du Lapis qui en langue Grecque eft appellé Cyanos à caufe de fa couleur bleuë ; aucuns le font
paffer pour le Saphir , & d'autres pour la Turquoife,
tant on eft peu d'accord touchant la vraye connoiffance
des pierres precieufes.   Pline dit que les meilleurs viennent de Tartarie, & qu'apres eux les plus exquis font
ceux de Chypre : Et Ifidore, au liure 16. chap. 9. en parle ainfi : La Cyanée eft vne pierre precieufe de la Scythie,
luyfante d'vne couleur bleuë , auec vne varieté de pourpre, & vn luftre de petits points ou pouffiere d'or. Boëce
raporte que c'eft le Lapis azuli ou pierre d'azur , car du
mot azul en Arabe qui fignifie bleu, ou couleur celefte,
eft prouenu celuy d'azur, qui eft le vray nom de cefte
pierre.

Le mefme Boëce en eftablit de deux génres: vne fixe,
& celle qui n'eft pas fixe. Par ce terme de fixe , il entend
celle qui eftant mife fur le feu, cóme font les Orientales,
ne change point facouleur, & par celuy de nom fixe,
celle qui change decouleur & deuient friable. D'ou vient
que l'outremer, qui eft fait de la pierre Orientale, ne fe
corrompt pointpar le feu , & ne fe change point par le
temps. On a attribué à vn Roy d'Egypte la gloire d'a-
uoir trouué la maniere de tirer l'outremer du Lapis : &
c'eft ce que Pline veut dire.

Ce feroit entrer trop auant en matiere, fi on la vouloit
examiner dans toutes fes circonftances. Il fuffit de dire

pour connoiſtre le Lapis parmi nous,que c'eſt vne pierre
Orientale, bleuë, couleur eſpoiſſe marquée par tout de
taches d'or. Qu'il y en a de fort grandes dont on fait
pluſieurs ſortes de Vaſes;comme coupes,& des vaiſſeaux
de toutes manieres,des cachets auſſi,& des braſſelets : Et
que ſi elle a quelque eſtime, que ce n'eſt qu'a cauſe du
labeur & de la gentilleſſe des diuers ouurages qu'on fait
auec cette pierre.

Certains auteurs parlent d'vn Lapis, Lincis ou Lincien:
prouenans ce diſent-ils, de l'vrine des Onces ou Loups
Ceruiers : & du Balanitez qui eſt vn Lapis Iudaïque:
mais ces deux autres ſortes ne reſpondent point au
noſtre.

Ses proprietez ſont, qu'il eſt Cathartique,c'eſt à dire
qu'il a la force de purger principalement l'humeur me-
lancholique, & par conſequent qu'il eſt ſouuerain pour
les fiévres quartes , le mal caduc, celuy de la rate , l'apoplexie,& pluſieurs autres maux.Qu'il diſſipe les frayeurs
qu'ont les enfans, fortifie la veuë , empeſche l'auortement,procure le ſommeil,& appaiſe ſubitement les douleurs de la goute.

Touchant le Cryſtal, dont ie trouue que l'étymolo-
gie en eſt vn peu forcée, on dit que ce mot ſignifie
glace.　Si cela eſt, c'eſt peut eſtre ce qui a perſuadé Pline, de croire qu'il ſe forme par congelation, & par l'effet d'vn grand froid: & meſme S. Hieroſme témoigne
ſur le 54. chapitre d'Eſaye auoir eu cette opinion. Bien
loin de cela , nous voyons tous les iours le contraire par
experience, car au lieu que le Criſtal ſe deuroitconſom
mer par le feu, attendu ce pretendu principe puremen

acqueux, il fe reduit en chaux, en terre, & en fel, qui eft
l'efprit par le moyen duquel il a efté coagulé. C'eft
proprement vne pierre de roche blanche comme le
Diamant, mais qui n'en a ny la dureté, ny la viuaa-
cité, ou bien l'efclat. On l'appelle Chriftal de roche,
lors qu'il eft net fans tares, pailles, atomes, petits nuages,
rouilles, ou quelques autres imperfeétions, & quand il
eft net on ne le graue iamais, par ce que fi on le graue
ce n'eft que pour cacher fes imperfeétions. Il fert neantmoins à toutes fortes d'ouurages, & il croift pour l'ordinaire exagone, & a fes angles fi lices & fi polis, que les
Lapidaires ne pourroient venir à bout d'en faire de pareils fi parfaitement. Il n'eft neantmoins apres tout parmy nous confiderable que pour faire des Vaiffeaux, des
Miroirs, ou des Reliquaires, quoy que Pline raporte de
Neron, lequel achepta d'vne Dame Romaine vn feul
Vafe de Chriftal cent cinquante mille fefterces, & qu'vn
fefterce felon quelques vns vaut trente cinq fols, & felon
d'autres vn Efcu. Le mefme auteur ajoufte, qu'on a
rencontré de ces pierres fort grandes. Vne qui pefoit
cinquante liures, que Liuie Augufte dedia au temple du
Capitole: & vne autre d'vne coudée de long, que trouua
Pythagore, Lieutenant du Roy Ptolomée, en l'Ifle que
l'on nommoit Neron, fituée vis a vis le coftes de l'Arabie.
Il dit de plus qu'il croift en la cime des Alpes, aux montagnes de Portugal & de Leftremadure. Il eft vray qu'il
s'en trouue prefque par tout, mais le plus ordinairement
dans les montagnes vers la Suiffe. Mefme on dit qu'il
s'en voit autour de Pife, dans vn certain torrent, &

qu'on le tire de terre au Montfalcon.

Il sert a esteindre la soif des febricitans. Il remedie à la diſſenterie. Il eſt propre contre la pierre. Pendu au col il diſſipe les ſonges, & empeſche les vertiges.

DE LA PERLE.
CHAPITRE XIV.

APRES auoir traitté dans les Chapitres precedens des pierres que les Orpheures mettent en œuure, & qui seules doiuent estre estimées precieuses, j'ajousteray encore les trois suiuans. Le premier touchât la perle. Le second touchant le Corail & l'Ambre. Et la troisiesme, par lequel ie finiray, touchant l'or & l'argent; Outre vne table bien exacte & methodique, pour aprendre tout d'vn coup à quel tiltre on trauaille ces deux metaux, dans la pluspart des principales Villes de l'Europe.

Commençant par les Perles, ie diray que combien qu'elles ne doiuent point estre du nombre des pierres precieuses, que neantmoins elles ne sont ny moins precieuses ny moins estimées parmy nous : Et que bien certainement si elles estoient du nombre, j'aurois esté obligé de les placer des premieres, presque au premier rang, à la teste de ce petit ouurage. La Perle est vne sorte de Ioyau, si parfait qu'il est tout a fait amoureux, & exige l'estime de tout l'vniuers pour son excellente beauté, Suidas qui en parle l'exprime ainsi : Que la possession de la Perle, est vn des plus grands delices qu'ait l'amour, & que ce seul delice de la posseder le nourrit,

Philoſtrate d'autre part qui a vne meſme penſée, depeint dans vn tableau les amours auec des cueilloirs enrichis de Perles de tous coſtez: & toute l'antiquité a dedié
la Perle à Venus.　Or la raiſon de cela eſt comme ie
croy, que tout ainſi que cette Deeſſe d'amour, la plus
belle de toutes les diuinitez, eſt venuë du Ciel, & eſt ſor-
tie de la mer : de meſme la Perle, la plus belle de toutes
les pierreries, prouient de la roſée ainſi que l'on a creu,
& ſe forme dans la mer.　Mais pour ſçauoir mieux
l'excellence & la prérogatiue de la Perle, il n'y a qu'à
l'apprendre des Dames, leſquelles en diront beaucoup
plus à ſon auantage que ie n'en ſçaurois eſcrire, & leſquelles aduouëront ſans doûte que c'eſt ce qui les pare
le mieux : d'autant plus que ce magnifique Ioyau à ie
ne ſçay quelle blancheur ſi iuſte auec celle du lieu où
elles le placent, qu'il ſemble y eſtre naturellement
deſtiné.　En vn mot quand on conſiderera, que l'imperatrice Lollia Paulina, veſue de Caligula, en portoit
ordinairement ſur elle pour vn milion d'or, ie penſe que
facilement on ſera de mon auis.

Si la Perle eſt groſſe elle a le nom de Marguerite
parmy les Grecs (qui eſt toutesfois vn nom plus barbare
que Grec) & parmy les Latins d'Vnion. Touchant leur
generation on lit dans le ſecond Liure des Commen-
taires de Mathiole ſur Dioſcoride ; Premierement qu'il
s'en trouue vne fort grande quantité vers les Iſles de la
Taprobane, & Torois : Secondement que les coquilles
où elles s'engendrent s'apellent meres Perles : Et tiercement que ces coquilles ont la proprieté dans la ſaiſon
propre pour cette generation, de s'ouurir & de ſe remplir

d'vne

d'vne rofée, par le moyen de laquelle elles conçoiuent &
rendent leurs Perles de la qualité de la rofée qu'elles ont
receuës; claires ou obfcures, groffes ou petites. Ouëtan
dans le dix neufuiéme Liure de fon hiftoire, Chapitre 8.
dit que les Perles fortent par fois fi prodigieufes de ces
coquilles, qu'il y en a de groffes comme l'œuf d'vne
poule. Et dans le cinquiefme Liure de l'hiftoire des
Indes Occidentales & Terres neuues, chapitre 198. tra-
duite par Fumée fieur de Marly, on y lit, que les Perles
font dans leurs efcailles cóme les œufs font dans le corps
de la poule, & que la mere perle les met dehors en la
mefme maniere que la poule pond fes œufs. Et c'eft ce
que dit Elian au liure 14. Chap. 18. fçauoir eft, qu'elles
fortent de ces coquilles. D'ailleurs on tient pour dire toutes les oppinions, que les petites perles fuiuét les groffes:
& que c'eft le feul moyen en pefchant les groffes de pefcher quant & quant les petites, ainfi que ceux qui les
pefchent ont accouftumé de faire. Solin ajoufte Chap.
45. qu'elles font molles dans la mer, mais qu'elles s'en-
durciffét dez qu'elles fentét l'air. Et Pline liure 9. Chap.
35. foutient que ces coquilles fe refferrent, s'il efclaire,
& fe maigriffent comme fi elles auoient efté attenuées
d'vn long ieufne; ou s'il tonne, qu'eftát faifies de frayeur
elles auortent. Ce qu'Ammian Marcelin dit pareillement, au vingt-troifiefme liure. Mais Athenée foutient
directement le contraire, & dit, que la generation des
Marguerites, ou Perles, eft beaucoup aidée par la conti-
nuation des tempeftes & des tonnerres. Laiffant ces
auteurs prophanes, Saint Hierome nomme les Perles,
les grains de la mer rouge: & Tertulian inuectiuant

contre la ſuperfluité ou luxe des veſtemens des femmes, dit, que ce ſont les maladies & les verruës rondes & dures des conques; Et par vne exageration il ajouſte, que ce ne ſont pas proprement des Perles, mais l'ambition que l'on peſche. En tout cas tout ce que ie viens de raporter touchant la Perle, prouue que c'eſt le plus beau & le plus ſuperbe de tous les ornemens, ſelon l'eſtime vniuerſelle.

Ceux en fin qui en eſcriuent raportent, qu'on peſche les Perles en diuers endroits du monde. Dans le Golfe Perſique, principalemét aux enuirons de l'Iſle d'Ormus & Baſſora : aupres de Baroyn Catiffa, Iuffa, Camaron, & autres lieux de ce Golfe. Entre le Promontoire Comorin, & l'Iſle de Zeilan; mais moins belles que les Perſiques. En l'Iſle de la Traprobane ou Sumatra, entre Iaua la grande & l'Inde. A Palane & Caraloo, Promontoire de l'Inde, petites toutesfois. Dans l'Iſle Borneo & Aynon. En Eſcoſſe meſmes, Sileſie & Boheme, & dans la Friſe, ſinon qu'elles ſont fort petites, dans la Voitland aſſez belles : bref en quantité d'autres lieux qui ſeroient trop longs à reciter.

Touchant la certaine & veritable generation des Perles, & des principaux endroits où on les peſche, du moins les plus belles & les plus eſtimées, mon auis eſt qu'il n'y a rien de plus faux & de plus eſloigné du ſens commun, comme de dire qu'elles s'engendrent de la roſée du Ciel; car qui ne ſçait pas que ceſte ſorte de coquille n'eſt iamais à deſcouuert, & qu'elle eſt ſi auant dans la mer, que pour les peſcher il faut non ſeulement plonger pluſieurs braſſes, mais auſſi trouuer des hommes qui puiſſent retenir leur haleine vn auſſi long-temps qu'il en eſt beſoin ; en ſorte que c'eſt comme vn prodige d'en trouuer quelques-vns qui ayent ceſte faculté ; qui ce ſemble n'eſt reſeruée qu'aux Negres ? Il ne faut nullement doûter que la Perle croiſt auec le poiſſon & ſa coquille ; & que ce n'eſt pour tout qu'vne meſme ſuſtance, vn meſme principe, ou bien vn ſeul acte de generation, quoy qu'il paroiſſe quelque difference entre eux.

La perle ſe forme pareillement par lits & diuerſes enuelopes d'vne meſme ſorte à la maniere des oignons. Ce qui montre éuidemment que ſon acroiſſement prouient de celuy du poiſſon, & qu'il n'en faut point aller chercher plus loin la cauſe. Et elle eſt autant ſolide & dure des ſa naiſſance qu'eſt la cocquille où elle eſt enfermée : ie veux dire qu'elle l'eſt en la meſme maniere qu'on la trouue apres auoir eſté peſchée.

Quand aux lieux ou on la peſche, ie remarque, que bien certainement les plus belles viennent du coſté d'Ormus, par ce qu'elles ſont bien rondes, & que leur blancheur eſt eſgalle, tirant à la verité vn peu ſur l'incarnat quand elles ſont neuues, mais ceſte couleur ſe paſſe facilement pour peu qu'elles ayent eſté portées, apres quoy elles demeurent tout a fait blanches. Que la plus grande quantité s'apporte à preſent de l'Amerique : & que celles cy toutes recentes de la peſche ont vne eau verte, polie & agreable, qu'elles perdent auſſi au bout de quelque temps qu'elles ont eſté portées demeurant blanches comme les premieres. De plus qu'on en peſche du coſté du Nord : leſquelles combien qu'elles ſoient parfaite-

ment rondes, n'ont du tout point ce luſtre des deux premieres ſortes, d'autant qu'elles ont vne couleur de gris
de lin. Et pour n'admirer point d'où prouient ceſte di-
uerſité, c'eſt vne regle certaine & generale que la Perle
eſt de la meſme couleur de la coquille où elle a pris ſa
naiſſance.

Les perles de l'Orient ou de l'Occident ſont eſgallement belles. On appelle Perles celles qui n'ont point
tenu à la coquiile, tant les entre-nettes, ou baroques,
que les rondes. Et on appelle Loupes de Perles, celles
qui y ont tenu. L'art ne peut rien ajouſter pour la
perfection des Perles, par ce qu'en naiſſant elles ſont
accomplies de tout ce pourquoy elles ſont belles,
ſinon la perceure qu'on y adjouſte pour pouuoir s'en ſer-
uir, de laquelle perceure le trou doit eſtre bien droit &
petit. Les rondes ſont les plus eſtimées, & tout de ſuite
par degrez, celles qui ſont en poire, ou oignon, puis les
entrenettes, & ce qu'on appelle ſemence de Perles. Cette
ſemence ſe vend à l'once a proportion de ce qu'elle eſt
belle; & les rondes ou celles en poires ſe vendent au
grain; mais ſi quelqu'vne de ces Perles peſe plus de quatre grains, elle ſe vend au carat; or vn carat peſe quatre
grains. Ces Loupes de Perles dont ie viens de parler ſe
trouuét dans les mers tant du Leuant que du Couchant,
& ne ſont proprement que des nacres de Perles, leſquelles ayant quelque endroit de releué & à demi rond, les
Lapidaires ou Graueurs ont l'adreſſe de les ſcier, & les
joindre enſemble ſi iuſtement, qu'il ſemble que ce ſont
deux Perles demy plattes qu'on ait joint. Or nous
n'appliquós pas ſimplemét ce mot de Loupes aux Perles

qui font ad'herantes à leurs coquilles, ainfi que nous venons de l'expliquer, nous l'apliquons auffi aux pierres orientales, puis que nous difons cómunement, Loupes de Saphirs, Loupes de Rubis, & Loupes d'Efmeraudes; fans que fous ce genre de Loupes d'Efmeraudes nous entendions cefte efpece que nous appellons prime d'Efmeraude, par ce que c'eft toute vne autre chofe. Tant y à que par ce mot de Loupe nous fous-entendons ou à l'efgard des Perles, ou à l'efgard des pierres precieufes, tout ce que la nature n'a peu acheuer, c'eft à dire tout ce qui eft demeuré a demi chemin de fa perfection, & comme en maffe, mal recuite & indigefte.

Il s'eft autrefois rencontré des Perles tellement monftrueufes qu'on a peine de le croire, quoy que le recit s'en trouue dans les plus celebres auteurs. Pline au dix neuf Liure, Chapitre 33. raconte, que l'vne des deux Perles que Cleopatre Reyne d'Egipte eut par fucceffion des Roys d'Orient, & qui luy feruoient de pendans d'oreille, fut portée à Rome, & tellement trouuée belle & groffe qu'elle fut fciée en deux, pour en faire, comme l'on fit à la Statuë de Venus du Pantheon, deux pendans d'oreilles, qui encores furent trouuez merueilleux; Et que cette Perle fut iugée fi rare, qu'elle fut eftimée HS. c'eft à dire deux cens cinquante mil; ainfi que Macrobe le confirme au troifiefme Liure des Saturnales Chapitre 17. Et quand à l'autre, que cette Reyne la fit refoudre en liqueur (ce qui fe fait, dit Solin, dans le vignaire: La Perle deuenant comme vne matiere efpoife & boüeufe) & la bût, pour plus grande magnificence du feftin qu'elle fit à Marc Antoine. Ce n'eſt pas de la verité de ceſte hiſtoire dont on doubte, mais on eſt ſurpris de l'excés du prix de ces deux Perles ſi prodigieuſement belles & eſgalles, car celle qui fut dediée à Venus valoit ſelon le calcul de Budée cent cinquante mil eſcus d'or.

Le meſme Budée dit qu'il y en a de la groſſeur d'vne aueline. Et le Medecin Boëce encherifſát au deſſus, parle d'en auoir veu ſur la Couronne de l'Empereur Rodolphe ſecond, vne auſſi groſſe qu'vne poire muſcade, laquelle peſoit trente carats, il fault donc que les poires muſcades ſoient plus petites en Alemagne que non pas icy, car vne Perle de la groſſeur d'vne noix muſcade peſeroit plus de quarante cinq carats. Ces ſortes de Perles ſont rares, ceux de quinze, vingt, vingt-cinq ne ſont pas ſi rares, bien qu'elles ſont cheres quát elles ſont belles & bien aſſorties, Mais quant elles viennent à paſſer vingt-cinq carats, & qu'elles viennent à trente, trente cinq où quarante carats, elles ſont fort rares, il n'apartient qu'aux Reynes & Princeſſes d'en porter à cauſe de leur grande valleur: C'eſt ce que cherche beaucoup de Marchands Orpheures, & quand ils en rencontrent quelques vnes qui viennent à vingt carats ou plus, ils en moulle des plombs, & les enuoye par tout les grandes Villes de l'Europe, voire iuſques en Conſtantinople, & quand elles ſe rencontrent à peu prés eſgalle de forme & d'eauë, ils s'accommodent enſemble du prix; Car vne Perle en poire ſeule n'eſt pas eſtimée, il en faut deux bien eſgalles de forme & d'eauë, Il n'en eſt pas de meſme des rondes, Car vne groſſe Perle ronde eſt propre à mettre au milieu d'vn Collier, & y ſçiait fort bien, & pour cela elles sont fort recherchées. L'on pouroit dire que la Perle que le Roy d'Espagne auoit à son chapeau n'est pas à pareille, au contraire elle en doit estre plus estimée, car elle est l'vnique & sans pareille, elle fut apportée à Madril en Espagne en 1620. & presentée au Roy d'apresent Philippe IIII. reignant par François Gogibus natif de la Ville de Callais, lequel fut pris par vn Capitaine Espagnol en deffendant la bresche de la Citadelle de Callais en l'an 1596. lequel voyant tout son bien & sa fortune perdu passa en Espagne, & delà aux Indes auec ledit Capitaine ; Et comme son oncle François de Berquen estoit Marchand Orpheure audit Callais, & que l'ayant frequenté, il auoit quelque connoissance de la Pierrerie & Perles, il se mit aux Indes dans le trafic des Emeraudes & Perles, & y a tellement reuffy, qu'il a fait present de ladite Perle au Roy, lequel luy donna pour recompence vne Charge de Conseiller dans la Ville de Madril aux Indes, pour la faire exercer à son fils ; Laquelle Perle le Roy auoit à son Chappeau, auec le grand Diamant ce iour bien heureux que le Ciel a redonné la Paix, & allié si estroictement les deux premieres Couronnes de l'vniuers, laquelle est si extra-ordinairement grosse qu'elle peze soixante & trois carats qui sont trois gros & demy de poids de marc, elle est en poire bien formée & bien tournée & de belle eauë ; C'est vne merueille de la nature. Et le Diamant que le Roy auoit aussi à son Chappeau, c'est le mesme Diamant que Charles Daffetan vendit à Philipes second Roy des Espagnes en l'année 1559. quatre-vingts mil escus d'or, qui estoit vne somme fort considerable pour lors, lequel peze quarante sept carats & demy, cóme i'ay desja dit dans le Chapitre du Diamant, & que pour leur beauté & grandeur que l'on les nommoit simplement le Diamant & la Perle qui est en poire comme i'ay desja dit, pour donner a entendre qu'il n'y a rien au monde qui puisse estre comparé à ce Diamant, où à cette Perle, qui ont en eux toutes les qualitez requises.

Les particularitez des Perles sont, que reduites en poudre, elles fondent & dissouent l'humeur catharreuse liquifiées & reduittes en potion, qu'elles dissipent toutes les humeurs cacochimes, purgent les melancoliques, remedient sur le champ à la pasmoison, aux fiéures & aux maux de teste. Et mesme les Onirocritiques, où Interpretes des songes, en tirent des conjeétures qui ont assez de credit, par superstition où autrement.

DV CORAIL ET DE L'AMBRE.
CHAPITRE XV.

OVS exprimentons tous les iours, que quantité de choſes qui ſont creuës à l'air, par exemple du bois, des herbes, iuſqu'à des champignons ſe petrifient dans les eaux, mais nous ne voyons iamais que ce qui croit dans les eaux ſe petrifie à l'air, ſinon le Corail. La raiſon de cela nous eſt inconnuë, & il nous en faut tenir à la ſeule experiance : Et quand elle nous ſeroit manifeſte, elle demanderoit vne plus grande eſpace qu'elle n'en pouroit auoir icy. Theopraſte qui prend le Corail pour vne pierre effectiue (comme de fait ç'en eſt vne ſi on conſidere qu'elle en a le grain, & qu'elle ſe rompt & ſe briſe facilement) la met au nombre des precieuſes, mais il ne fait pas refle-ction ſur l'origine de l'arbriſſeau, s'arreſtant ſeulement ſur la beauté qu'il y remarque. Nos anciens ont voulu expliquer ceſte aggreable & merueilleuſe metamor-phoſe, par les diuers noms qu'ils luy ont donnez ; Car ils l'ont appellé Lithodendron, Dendritis & Gorgo-nium; ce dernier nom pour faire entendre, qu'il ſe pé-triffie auſſi ſubitement, que ſi cela ſe faiſoit par l'effect de ceſte fabuleuſe teſte de Meduſe.

Que le Corail ſoit comme vne plante ou vn arbriſſeau qui croiſt au fond de la mer dans les pierres & dans les rochers, perſonne n'en doute: meſme on tient que quelquesfois il croiſt de la hauteur d'vn homme: Et il y a beaucoup d'apparence que cela eſt, puis que dans le Cabinet des raretez du grand Duc de Toſcane, il y en a vn Collier des Ordres du Roy de France, fait d'vne ſeule piece de Corail. Quand à ce que Boëce auance, qu'il en a veu vne dans le Cabinet de l'Empereur qui eſtoit à moitié Corail & à moitié bois, c'eſt vne rareté bien ſurprenante, ſi elle pouuoit eſtre vraye, car dificilement pourra-t'on conceuoir, comme quoy ceſte partie pluſtoſt que l'autre ait pû reſiſter à l'effect de l'air, ny comme quoy l'air contre ſon ordinaire, s'eſt trouué tout à coup impuiſſant, & ait laiſſé ceſte operation imparfaite. Il eſt vray qu'on rencontre des branches de Corail dont vne ſeule a trois couleurs differentes; du rouge, du blanc & du noir, mais touſiours ce n'eſt qu'vne meſme ſubſtance, qui ne varie qu'en ſes accidens.

Il y a du Corail des couleurs qui ſuiuent. De rouge, de blanc, de noir, de vert, d'entre-jaune, de cendré, de ſombre, & de toute autre couleur meſlée. Celuy de la mer rouge eſt plus noir. Celuy de la mer de Marſeille & des Iſles voiſines, eſt rouge, ainſi que celuy des coſtes de Sicile vers Helia, & Trapani Delmonte. On en trouue auſſi aux coſtes de Monte-alto de Toſcane, à l'entour des Iſles de Lipari & celles de Vulcan dites Aoliennes; & quantité entre Alger & Tunis, le long des coſtes de Barbarie. Il s'en rencontre du noir dans la Galice, ainſi qu'on eſcrit; & dit-on, que celuy qui eſt pareillement noir, & qu'on nomme Saualia eſt contrefait. Pline ajouſte encore qu'il s'en peſche à Capo Bianco de Bar-

barie,

barie, lequel dans l'eau eſt vert comme vn arbriſſeau, & a des boutons blancs & tendres, & que des auſſi toſt qu'il en ſort ces boutons deuiennent rouges, & s'endurciſſent ; & ſont proprement en groſſeur & en couleur, comme ce fruit qu'on appelle des cormes : quoy que cét Auteur ce ſoit trompé, par ce que les boutons qu'on voit aux branches de ce Corail, ſont faites par artifice & ne ſont iamais naturels. Entre toutes ces couleurs celuy qui eſt rouge ou de la couleur de Vermeillon eſt le plus eſtimé, par ce que ce rouge eſt fort poly & tient de la couleur du feu.

Il a eſté autrefois ſi fort eſtimé, qu'il l'eſtoit parmi les Indiens à leſgard des Perles : & de fait les Indiennes s'en faiſoient des colliers, & les eſtimoient tout autant. Leurs Philoſophes ou Gymmoſophiſtes, attribuoient vne grande ſainteté aux grains de Corail, & tenoient que ceux qui les portoient eſtoient preſeruez de tout mal'heur & infortune : Nous l'apprenons ainſi du ſuſdit Pline, au 32. liure Chap. 2. de ſon hiſtoire naturelle. Autrefois les Gaulois en trouuoient la parure ſi gentille qu'ils en garniſſoient leurs eſpees, leurs boucliers & leurs morions.

On en fait encores à preſent diuers ouurages : des bagues, des chapelets, des bracelets & quantité de gentilleſſes : Mais celuy qui le trauaille le mieux & qui en fait des choſes extraordinairement délicates, comme entre autres des chiffres, eſt vn Prouençal, qui eſt encores comme ie croy en cette Ville de Paris.

Reſte à dire touchant le Corail. Que c'eſt vn remede ſouuerain contre la piqueure de l'Aſpic & du Scorpion.

L

Qu'il a la vertu, d'aftraindre & de refroidir. Qu'il fortifie le cœur, l'eftomach & le foye. Que calciné il eft
excellent pour les trenchées, pour la grauelle, & les douleurs de la veffie : ou fi l'on boit fa cendre dans de l'eau,
& ce breuuage continué, qu'il confomme la rate. De
mefme qu'il fait dormir le febricitant s'il boit de cefte
cendre dans de l'eau ou du vin. Et fi on en veut croire
Boëce, il dit qu'eftant malade d'vne fieure peftilentieufe
& abfolument defefperé de fa fanté, il fut parfaitement
guery par le moyen de fix petites goutes de teinture de
Corail qu'on luy fit prendre. Qu'il a la vertu du Iafpe,
pour arrefter toutes fortes d'hemorragies, & qu'il eft
fingulierement propre a ceux qui rendent le fang par
la bouche.

Que fa cendre dont j'ay déja parlé, ofte l'inflamation
des yeux ; fert a incarner les vlceres fiftuleux & cauer-
neux, & a fubtilifer les cicatrices. Qu'il fert d'amulete
contre les efpouuantes, enchantemens, fortileges, venins, Epilepfie, foudres, tempeftes, & perils de mer :
preferue de la pefte & de toutes maladies veneneufes, &
contagieufes. Arnaud de Villeneuue dit de plus ; que fi
on fait prendre dix grains de Corail rouge à vn enfant
auec le lait de fa mere, pourueu que ce foit le premier
enfant qu'ait eü fa mere, & que l'enfant n'ait encore pris
autre viande ou boiffon, qu'il fera garenti pendant toute
fa vie de l'Epilepfie. Et comme j'ay raporté cy-deffus,
que les Gymnofophiftes ont opinion qu'il contre-garde
de tout mal'heur & infortune, auffy il y en a qui efti-
mét qu'eftant mis en poudre & jetté fur terre, il arrefte
les foudres & les tourbillons, deftourne la pefte & la

greſle, & purge les arbres de toute ſorte de vermine. Et
on adjouſte que ceſte eſpece qu'on nomme Antipathes
empeſche l'effect des enchantemens. Et finallement
pour ne rien obmettre de ce qui concerne le Corail, on
dit que ſon rouge eſt bien plus beau & plus vif quand il
eſt porté par vn homme que par vne femme. Porté
par vn malade qui ſe meurt, ou eſt en peril, qu'il deuient paſle, liuide & tout taché : & bien certainment
que par le changement de ſa couleur, il auertit de
quelque maladie prochaine. De plus, quand il a perdu
ſa couleur, qu'on la luy peut redonner & fort belle ;
ou en le ſuſpendant au deſſus d'vn fumier durant pluſieurs iours, pourueu toutesfois qu'il ny touche point ;
ou en le couurant de ſemance de moutarde, ou bien en
le lauant auec du pain moüillé.

Quand à l'Ambre, dont i'entens parler maintenant, ce
n'eſt pas de celuy qui entre dás les parfuns, mais de celuy
qui eſt en vſage parmy les Orfeures, I'en receuille diuerſes opinions. La premiere eſt, qu'il y en a de trois ſortes ; le jaune qui eſt le meilleur, lequel on apporte de
Selachite Cité de l'Inde : La blanchatre, qui vient de
Sinchri, Ville de l'Arabie heureuſe : & le noir beaucoup
moins eſtimé que les deux autres. La ſeconde, qu'il ſe
trouue au Lac de Cephiſide, proche la mer Altantique
en ce que ce Lac eſchauffé & batu des rayons du ſoleil
produit cét Ambre de ſon limon. La troiſieſme de De-
moſtrate, qui s'imagine que l'Ambre ſe forme de l'v-
rine des Onces ou des Loups Ceruiers, auquel il donne
le nom de l'yncurion ; c'eſt à ſçauoir le jaune de l'vrine
du maſle ; & le blanc de l'vrine de la femelle. La qua-

triéme de Sudines & Metrodore, qui difent, qu'il diftile
de certains arbres en la cofte de Ligurie, ou de Gennes:
& felon Sotacus, lequel rapporte, que c'eft en Angleterre, & que les flots de la mer l'apportent au bord de l'Ifle
Abalo. La cinquiéme de Niceas Hiftorien, qui efcrit,
que l'Ambre eft caufé par les rayons du Soleil, lefquels
donnans à plomb fur la terre, laiffent à caufe de leur
exceffiue chaleur vne certaine graiffe, & fueur, laquelle
eftant feichée en efté, eft portée en Germanie par les va-
gues de la mer. La fix^e. de Theophrafte & Philemon,
que c'eft vn mineral, ou vne matiere foffile, laquelle felon
lon le premier fe tire en la terre de Génes, & felon le fecond en deux endroits de la Scytie: blanc en l'vn, qu'on
nomme Electere; & roux ou iaunaftre en l'autre. La
feptiéme de Pline, lequel dit, que l'Ambre fort de l'a-
bondance de l'humeur de certains arbres femblables au
Pin, (ce qui eft manifefte felon fon opinion, en ce
qu'eftát bruflé il en a l'odeur) & s'efpaffit cefte humeur
par le moyen du froid, ou la tiedeur de l'Automne: puis
quand la mer la enleué du bord des Ifles, & ietté fur le
riuage de la terre ferme, qu'il eft fi leger & remüant
qu'il femble fufpendu. Et que les Anciens l'ont appellé *Succinum*, pour ce qu'ils croyoient bien que c'eftoit le
fuc d'vn arbre, lequel auoit cela de fingulier qu'il s'ef-
chauffoit en le frottant entre les doigts, & qu'en fuite
il attiroit la paille & les feüilles feches des arbres, comme l'Aymant attire le fer. La huictiéme de Tacite,
en fa Germanie, qui raporte, que l'Ambre iaune vient
de la Pruffe, & que c'eft ce peuple proprement qui le re-
cueille, lequel il appelle Glefe, fans en fçauoir autrement

la nature, ny la valeur, sinon qu'ils le vendent chere-
ment. Que toutesfois c'est la gomme d'vn arbre; laquelle en se congelant enseuelit des mouches & d'autres petits insectes, tels qu'on les y trouue en suitte. Selon Pline, les Isles Glesseres, que les Grecs appellent
Electrides, sont vers les confins du Chersonese Cym-
brique, à l'extremité de la Germanie vers le Septentrion; lesquelles ont eu ce nom, par ce que le
soleil à qui on referoit l'origine de l'Ambre, est aussi
nommé Electros. Ausquelles opinions i'adjousteray
vne neusiéme tirée des fables, afin de ne rien obmettre de ce qui peut diuertir sur vne matiere peu
connuë, combien qu'elle ne soit pas bien rare, ny de
grád prix. Les Poëtes feignent que ce sont les larmes des
Heliades sœurs de Phaëton, lesquelles combien qu'elles fussent metamorphosées en peuplier le long du Po,
estoient encores sensibles, & que viuement touchées de
la mort de leur frere, elles pleuroient continuellement:
en suite dequoy leurs larmes se durcissant aux rayons du
soleil, estoient emportées par ce fleuue, lors qu'il se de-
bordoit apres quelque grand orage. Ce qu'Apollonius
Rhodien recite tout au long dans le quatriéme des Ar-
gonautes. Et mesme quelques Auteurs font mention,
qu'aux extremitez du Golphe Adriatique, en des rochers inaccessibles, il y a des arbres qui degoutent pendant les iours caniculaires cette sorte de gomme, qui
se raporte iustement à cette fable. Mais Theophraste
contredit fortement ce fait, car il soustient que Phaëton mourut en Ethiopie, proche le Temple de Iupiter
Hammon. Et Sophocle dit, que ce sont les larmes des

oyſeaux Meleagrides, qui pleurent Meleagre. Bref les
Gaulois, que ce ſont celles d’Apollon, quand outré de
douleur de la mort d’Eſculape ſon fils,& de la Nimphe
Coronis, il quitta le Ciel, pour aller demeurer auec le
peuple deuot des Hyperborées.

Au trauers de toutes ces fables,& de ces opinions il eſt
manifeſte,que l’Ambre ſe trouue dans la Germanie,vers
le Septentrion. Nous en auons d’vne-part le ſentiment
de Tacite,que ie viens de raporter, & Suetone dit d’al-
leurs, que le meilleur eſt celuy de la Sueue; cóme pareillement Mathiole, qu’il croiſt aux Iſles de l’Ocean ſep-
tentrional,que les anciensAllemans appelloiét Gleſum;
d’où fut nómée vne Iſle du pays, Gleſaria, par ceux qui
ſuiuirent Ceſar Germanicus, laquelle auparauant eſtoit
dite Auſtrauia. Et pour clorre ceſte verité, nous liſons
que Iulian, par commiſſion de Neron, en apporta de la
Germanie vne ſi extraordinaire quantité, que toute les
galleries des Amphiteatres où ſe faiſoit le combat des
beſtes, en eſtoient enrichis de toutes parts.

L’Ambre donc, pour abreger, eſt vne eſpece de góme
qui croiſt en ces pays Septentrionaux ; qui attire tout ce
qui eſt leger, & qui n’eſt autrement cóſiderable; ou pour
ſon odeur qui ne ſe fait point ſentir ſi on ne le bruſle ;
ou pour ſa couleur qu’on n’eſtime guerre ſi elle n’eſt
orangée; car eſtant telle,elle eſt polie & agreable. Ceſte
couleur eſtoit ſi rare parmi les Dames Romaines, qu’elles la mettoient la troiſiéme entre les plus riches ; &
Domitius Nero ne pût mieux louër la couleur des che-
ueux de l’Imperatrice Popée ſa femme qu’en les compa-
-rant à celle de l’Ambre. Ce ſont les Grecs qui l’ont mis

eñ estime, & Callistrate, qui en fait grand estat, l'appelle Chryselectre comme qui diroit Ambre doré.

On en fait mille gentillesses ; des coliers, des chapelets, des brasselets, des vases, & petites boëtes : & mesme les Turcs en parent leurs cheuaux, & en garnissent les brides, les selles, & les housses. On en a trouué de prodigieuses pieces. Pline dit qu'on en auoit apporté vne à Rome qui pesoit tteize liures, mais ce n'est rien en comparaison de celle dont parle Hector Boëce, qui aborda en la Schetlandie, laquelle estoit plus grosse qu'vn cheual, que les Habitans bruslerent au lieu d'encens. Et mesme Pausanias dans ses Eliaques, parlant des édifices de Trajan, fait mention d'vne statuë au naturel d'Auguste, toute entiere d'Ambre jaune. Dauantage pour n'oublier pas ce que nous auons veu icy à Paris il y a enuiron trente ans, on mit en vente vn Crucifix d'vn pied & demy de haut tout d'vne seule piece d'Ambre jaune, aux deux costez du quel estoit la Vierge & St Iean, d'vne sculpture tout a fait acheuée, & autant belle qu'on pouuoit souhaiter. Et au mesme temps estoit en vente vn Tablier ou Triquetrac tout d'Ambre iaune & blanc, de deux pieds enuiron de longueur ; lequel estoit garny de tables & d'échets de deux couleurs comme le damier, auec les cornets & les dez, en sorte qu'il ne se pouuoit rien voir de plus rare.

Ie ne m'amuseray pas à toutes les superstitions, par le moyen desquelles on pouroit exagerer les proprietez de l'Ambre, par ce que ie deuiendrois peut-estre ennuyeux dans le recit que i'en ferois ; comme celle-cy des habitans de la Prusse, que parmy la grande quantité

que la mer leur iette à bord, ils en ont d'vne forte, blanc
comme du Criftal par le moyen duquel ils efpreuuent la
virginité d'vne fille quand elle eft accufée de s'eftre mal
conduite, & dit-on qu'ils ne font autre chofe, finon de
luy en faire boire à jeun dans du vin ; par ce que fi elle a
efté déflorée elle ne peut s'épefcher d'vriner fur le champ.
Mais mettons ce conte & cét Ambre, blanc comme du
criftal au nombre des fables , & ce que l'on dit que fa
limaille mife dans vne lampe rend vne plus grand lumiere, & dure plus long temps, que de l'huifle de lin; Et
difons, fans toutesfois rienaffur er, comme j'ay protefté
dés le commancement de ce traité; Que les Coliers
d'Ambre, outre qu'ils feruent d'amuletes pour preferuer
les enfans de tous enchantemens & frayeurs nocturnes,
gardent auffi ceux qui les portent, felon Califtrate, du
trouble de l'efprit, caufé par vne peur foudaine. Que
le prenant en breuuage, ou le portant au col, il fert contre les retentions d'vrine, fait fortir les eaux des hydro-
piques & afcitiques, en prouoquant l'vrine. Que fa
poudre remedie aux foibleffes du cœur, à la pefte, &
aux venins & maladies contagieufes. Qu'elle remedie
auffi à l'apoplexie & catharres qui tombent fur la poictrine : guerit l'Epilepfie defefperée ; fert aux inflama-
tions de gorge, aux fiéures , & vniuerfellement à toutes les autres maladies. Finalement qu'eftant incor-
poré auec miel & huifle rofat, il eft fouuerain pour la
furdité. Que broyé auec miel Attique, il eft fingulier
à ceux qui ont la veuë chargée : Et qu'eftant puluerifé
& pris en poudre dans de l'eau il corrobore l'eftomac

en

en y ajouſtant du maſtic. En ſomme que combien qu'il
ne ſoit pas de la dignité des pierres precieuſes & des Perles, il ſert neantmoins d'ailleurs en tant de choſes, qu'il
pourroit auec iuſtice eſtre aujourd'huy tout autant eſtimé
parmi nous, qu'il l'eſtoit autrefois parmi les Grecs &
les Romains.

M

DE L'OR ET DE L'ARGENT.

CHAPITRE. XVI.

ERSONNE ne doute que l'Or & l'Argent ne soient les deux Poles sur lesquels roule incessáment la Sphere de toutes les actions humaines. Mais pour n'entrer point en vne matiere de pure speculation, qui n'appartient qu'aux beaux Esprits, & pour n'examiner encore moins le pour & le contre, ie veux dire le bien & le mal qu'ont apporté auec eux ces deux riches metaux : Le bien, d'autant que c'est l'vnique ornement de la vie ; que leur vtilité a esté esprouuée depuis tant de siecles : & que de toute necessité il en faut auoir: jusques la (tant l'Or est beau & parfait) que Dieu a voulu que son temple & tous les vaisseaux sacrez en fussent faits ou reuestus; & que dans vne infinité de passages de l'Escriture sainte ces deux metaux sont les vrays & les vniques Symboles de la parfaite iustification des fidelles. Et le mal, d'autant qu'ils ont tellement corrompu l'innocence des premiers temps, qu'il n'y a quasi personne du nombre des sages, qui n'ait fortement inuectiué contre eux, & qui ne leur ait attribué tous les desordres de la vie, tous les malheurs & les crimes dont les histoires sont remplies, & qui sont arri- uez sur ce grand Theatre du monde, où chacun qui y

entre hazarde tout pour en auoir, & abandóne pluſtoſt
ſon ſalut que de manquer a ſon ambition. D'où vient
qu'on en a attribué la poſſeſſió à ceux d'où procede tout
le mal, c'eſt à dire aux demons, leſquels auec ces treſors
ſont confinez dans le centre de la terre. I'en parleray
ſeulement ſelon que le peut ou doit faire vn Orpheure:
Et pour commancer ie diray, que l'Or eſt l'ouurage le
plus accomply que faſſe le ſoleil; lequel eſtant continuellement occupé, comme dit tres bien Vigenere, en la pro-
duction des choſes compoſées des Elemens, & à raſſem-
bler les parties homogenes & vniformes, & en ſeparer
les heterogenes, eſtrangeres & corruptibles; tend en ce
faiſant à vne perfection complete & finale en nature; qui
conciſte & s'arreſte ſpecialement en l'Or, ſans pouuoir
paſſer plus outre. Par ainſi l'Or eſt la ſubſtance la plus
elabourée par l'action du Soleil, en la meſme maniere
que le verre eſt l'effect le plus acheué & le dernier ouurage du feu: Et de meſme que nous le diſons de l'Or, ainſi
le deuons nous dire de l'Argent, à raiſon de ſon excellence & du degré de ſa perfection.

Proprement l'Or & l'Argent ne ſont que terre quand à
la matiere: ils en prouiennent: mais toute ſorte de terre
n'eſt pas capable, ou diſpoſée pour les pouuoir produire.
On les tire de la terre aux lieux où ſont les mines, auec
toutesfois des peines & des perils horribles: comme ſi en
effet on les arrachoit des mains de ces demons que nous
auons dit. Et auec ceſte mal'heureuſe diſtinction qui eſt
dans le monde, que ce dur & penible trauail ſe peut dire
auec tout autant de raiſon le ſuplice des petits & des
miſerables qui en ſont accablez le plus ſouuent; que c'eſt

la fecilité des grands: par ce que c'eſt pour l'ordinaire ce qui les releüe, & les fait conſiderer le plus, & ce qui rend ſe ſemble leur vie bien heureuſe. Ces mines, ſont par veines, diſtribuées dans certaines parties de la terre, que l'on coupe & que l'on romp, auec des barres de fer bien tranchantes; ce qui ne ſe peut faire qu'auec vn grand effort: Et quand la mine eſt tirée par pieces & morceaux, on l'affine (Car l'Or & l'argent, auant qu'ils ſoient affinez, ne ſont ordinairement que des maſſes de mines, compoſées de plomb, de vif argent, & de quelques mineraux) en les mettant ſur vne caſſe, auec du plomb, du feu de charbon, & vne piece de bois pour l'allumer : par ce qu'apres que le feu a eſté bien allumé, & que l'on a ſouflé auec vn grand ſouflet dedans la caſſe, le plomb s'en va en fumée, & l'Or ou l'Argent demeure au fond. Tubal Caïn qui eſt ce Vulcain fabuleux de l'Antiquité a eſté le premier qui dés le commencement du monde a fouillé les metaux, & les a mis en vſage. Depuis luy l'auarice des hommes s'eſt tellement augmentée, qu'il ſuffiſt pour la bien exagerer, de remarquer ce que dit Strabon au 3. liure, qu'autrefois pour tirer l'argent des mines aux enuirons de Carthage, il n'y auoit pas moins de quarante mille hommes qui y trauailloient inceſſamment, Nonobſtant que ce ſoit vn des grands efforts qu'on puiſſe faire, de trauailler aux mines, Ouëtan qui ignore la nature de l'Or, comme ie croy, & qu'il eſt tout viſible qu'il l'ignore, dit dans le 6. liure de ſon hiſtoire, chap. 8. que dans certaines mines des terres neuues, l'Or y eſt mol & maniable comme de la cire, mais que dés auſſi toſt qu'il ſent l'air il s'endurcit:

Comme fi l'or fe trouuoit ainfi en maffe tout raffiné, & qu'il n'y eut non plus de peine à le couper que l'on en auroit pour couper de la Cire mole. Ie fçay que dans les mines, comme aux bords & au fond de quelques riuieres par l'effect de l'inondation des torrens, on rencontre fouuant des paillettes ou des grains d'Or vierges, que les Grecs nóment apyrous, lefquels ne paffent point par le feu & par la caffe, & font de foy tres purs & parfaits, mais ces grains ou paillettes s'ils font gros font rares, & ne font point fi maniables que ledit Ouëtan. Il y en a eu d'extraordinaires & d'vne groffeur prodigieufe (fi toutesfois l'hiftoire des Indes Orientales ou Occidentales nous a dit vray) dont voicy trois exemples. Par le premier on recite, qu'Alphonfe d'Ogede, en trouua vn entre les autres dans les mines de Cibao, lors du fecond voyage de Chriftophle Colomb, aux Indes, qui pefoit huit onces, ou bien vn marc. Par le fecond, que Colomb luy mefme à fon retour, prefenta au Roy d'Efpagne, plufieurs autres grains d'or qui pefoient quinze & vingt onces, C'eft à dire, que les vns pefoient vn marc fept onces, & les autres iufques à deux marcs quatre onces. Et par le troifiefme, qu'il fut trouué en 1502. vn de ces grains, fi exceffiuement gros & grand, qu'il pefoit felon l'hiftoire, trente deux liures, ou felon les Orféures foixante quatre marcs : qui reuiendroient à prefent à la fomme de vingt-trois mil quarante liures ; par ce qu'aujourd'huy le marc en vaut trois cens foixante.

La maniere pour defcouurir les mines eft affez connuë pour n'en douter point, & pour n'auoir pas befoin que j'en parle. Il me fuffit de dire, pour faire entendre

que cela se faisoit auec des peines & des trauaux estran-
ges, que les anciens ont feint vn iardin des Hesperides,
par lequel ils entendoient ces mines comme il y a apparence, dans lequel estoient ces pommes d'or si renom-
mées; mais qu'il estoit presqu'impossible d'y entrer à
cause d'vn dragon, le plus dangereux & le plus effroya-
ble de tous, qui les gardoit : Et Pline ajouste vne chose
bien plus absurde, que l'Or se tire aux Indes, non point
par l'industrie des hommes, lesquels n'oseroient l'entreprendre, selon son sens, mais par des fourmis volan-
tes. Mais Torquemade encherit infiniement au dessus
de ces fables, & dit dans sa sixiesme iournée : qu'en la
riuiere noire de la Laponie (qui est vn pays de la domination du Roy de Noruege, où les iours sont de six
mois) il y a vn poisson nommé Treuion, noir en hyuer
& blanc en esté; lequel a ceste proprieté, qu'estant salé,
& sa graisse attachée à vne corde, & la corde finallement
jettée au profond de ceste riuiere noire, dont le sable est
plein de grains d'or; que par la vertu de cette graisse
les grains s'y trouuent attachez, & qu'on les tire facilement hors de l'eau, quelques gros & pesans qu'ils
soient.

Si ces contes meritoient de s'y arrester d'auantage,
pour en voir l'absurdité, ie le ferois, mais ie ne doute pas
que tout le monde ne les croira non plus que moy, car
on ne peut rien escrire selon mon aduis de plus choquāt.
Et c'est la raison que ie metray fin à ce Chapitre, par
lequel finit aussi ce traicté, apres toutesfois que i'auray
remarqué ce que j'ay receuilly de nos Histoiriens, anciens
& modernes, touchant l'estime & les profusions que

tous les peuples ont fait de l'Or & de l'Argent, qui sont les plus nobles metaux sans contredit.

On peut mettre en teste ces deux Statuës d'Or & d'yuoire, si riches & si belles, que fit ce celebre Phidias de sa main propre ; que les Eleens dresserent, l'vne de Iupiter Olympien, dans ce superbe Temple, mis entre les sept merueilles du monde, qu'ils luy bastirent des depouilles des Pisans qu'ils auoient vaincus : Et l'autre de Venus que les mesmes dresserent à ceste fauce diuinité à cause du butin qu'ils firent à Corfou. En second lieu, ce que Strabon escrit de la superbe de Bitüit Roy des Auuergnats, qui fut si grande, que dans ses promenades, il ne faisoit que rependre à pleines mains, à droit & à gauche, l'Or & l'Argent, Ce qui à la verité estoit vne magnificence grandement Royale, & digne d'vn grand Prince, mais cela ne veut dire autre chose sinon qu'il en possedoit beaucoup. Mais Florus adjouste pour abatre ceste gloire, qu'ayant eu vne vanité si aueuglée de ces richesses, que de combatre mesme dans vn chariot d'argent, il fut vaincu par le grand Fabius, & mené honteusement en triomphe à Rome. En troisiesme lieu, ce que Pline d'escrit de l'excez des riches choses qui furent veuës, lors du triomphe de Pompée ; apres que ce grand Capitaine eut reduit sous la domination des Romains, toute l'Asie & le Royaume de Trebizonde: où il y auoit entre autres, dit-il, vne Statuë de Diane, trois lits de sale, des vases pour garnir neuf buffets, trois autres grandes Statuës, de Minerue, Pallas & Apollon, & vne Montagne, auec quantité de cerfs, lions, arbres fruictiers, &

vne

vne vigne qui couuroit toute la montagne; le tout d'or
maſſif. Et l'Or & l'Argent des ce temps là deuinrent ſi
cómuns à Rome que ſelon Zonare, Caligula ne ſe ſou-
cioit pas de perdre au jeu d'vn ſeul coup vn million d'or.
Mais combien que l'Or fut ſi commun, ſi eſtoit-il tellement eſtimé parmi eux, que Procope remarque, qu'encores de ſon temps (or il viuoit au quatrieſme ſiecle)
pas vn Monarque n'euſt oſé mettre ſon effigie ſur la
mónoye d'Or, ſinon les Roys de France, par ce que cela
eſtoit reſerué à la dignité ſeule de l'Empereur Romain.
I'adjouſteray en quatriéme lieu, Premieremét, qu'Attabalipa Roy du Perou, apres auoir eſté défait par l'Ar-
mée de Charles quint, offrit de payer dans ſept iours
pour ſa rançon, vingt-ſept millions d'or; que nonobſtant on le fit mourir, apres auoir tiré de luy enuiron
trois cens vaſes d'or d'vne grandeur demeſurée. Secondement que les Indiens pour ſe redimer d'vne condition aſſez legere qu'on leur auoit impoſée au nom dudit Charles quint Empereur, aymants mieux leur premiere liberté , offrirent pour eux vingt-vn millions
d'or. Tiercement que du temps de Philippes ſecond,
le Deputé des Indes luy apporta vne pareille ſomme
de vingt vn millions d'or : Ce que Surius teſmoigne,
& adjouſte, qu'on apporta en Eſpagne ſoixante dix
millions qu'on prit aux Indiens, & pour tout autant de
millions, en perles, ioyaux, & pierres precieuſes, ſans
conter ce que l'on en diſſipa pour la conqueſte des Indes
pendant quatre ans, & ce que les Gouuerneurs retin-
rent pour eux, qui ne ſe montoit à guerre moins. En
quatrieſme lieu, qu'en ces terres neuues, en la Prouince

de Topira, l'Or & l'Argent y estoient si abondans
qu'ils s'en seruoient en leurs bastimens, iusques à en
couurir leurs maisons: comme le rapporte François
Vasquez au troisiesme tome. Et qu'en la Ville de Pan-
chelme ils ferroient leurs cheuaux, & que les clouds
estoient d'or aussi bien que les fers. Que dans ceste
mesme Ville, le Bassin de la fontaine publique estoit
tout d'or, & pesoit douze mil, ou selon nostre maniere de parler vingt-quatre mil marcs, qui vau-
droient deux millions huict cens quatre-vingts mil
escus. Que dans celle de Caxamalca, siege Royal
d'Attabalipa, on y voyoit de belles & grandes four-
ces sous des arches couuertes de l'ames d'or : & que
dans les tresors de ce Roy Indien on trouua quantité de masses d'or tres grosses, dont trois maisons
fort spacieuses estoient remplies, & cent mille lames
aussi d'or, dans cinq autres maisons. De plus, qu'en
la Ville de Cusco, où la teste d'Attabalipa fut inhu-
mée, on conta vingt-quatre grandes & amples maisons, toutes couuertes dehors & dedans de lames d'Or.
Or ces lames d'or sont quelques fois telles, que douze
hommes des plus forts ne sçauroient en remuer vne.
Ceste Ville est la capitale de la Perouargue, ou Perou,
& le lieu où ceux qui tiroient l'Or des minieres auoient
accoustumé de l'apporter au Lieutenant du Roy d'Espagne ; le nombre de ceux qui l'apportoient, & en
estoient grandement chargez, se montoit au moins à
deux cens. En cinq.^e lieu, qu'en la Prouince de Collao,
les maisons estoient couuertes d'or, & que les lames
estoient arrestées auec de gros fils d'or. Là on trouua

vn temple ded.é au Soleil, les murailles duquel estoient
couuertes de lames d'or & d'argent: ainsi qu'il y en
auoit vn autre dedié au mesme aussi superbe, en Pastis
de Perouargue. Et que dans vne Isle voisine de ceste
Prouince de Collao, les murailles des maisons qui estoient le long du fleuue, les poutres aussi & les toits
iusques au paué, estoient garnies de lames d'or &
d'argent fort massiues. D'ailleurs Antoine Pigafeta
au troisiéme liure Chap. 2. traitant du Palais du Roy
de la Chine, dit, qu'il est si somptueux & si magnifique, qu'auec ce qu'il contient soixante & dix-neuf sales,
d'vne si prodigieuse longueur, que c'est tout ce qu'on
peut faire que de les parcourir en vn iour, Qu'il y a quatre de ces Chambres, dont l'vne est toute d'airin de bas
en haut, l'autre toute d'argent, l'autre d'apres toute d'or,
& la quatriesme entierement remplie de Perles & de
pierres precieuses. On dit la mesme chose des chambres
du Palais du Roy Mangalu qui sont en tres grand nombre, & qui sont toutes enrichies de lames d'or, & d'azur.
De celuy du Roy de l'Isle de Zipangu qui en est tout cou-
uert & paué. Et de celuy du Roy de Iaua la majeure,
auquel outre les murailles & la couuerture qui brillent
de toutes parts à cause de l'Or, les degrez sont aussi d'Or
& d'Argent massif alternatiuement. Toutefois on ne
doit non plus s'estonner de voir vne si grande abondance d'Or en ces pays là, que nous n'admirerions en
ceux cy l'abondance du fer, de l'estain, & du cuiure:
Mais bien ce que l'on vit il y a quelques années en
cette Ville, sçauoir est vn Luth d'or, qui reuenoit, à
celuy qui le fit faire, à trente deux mil escus, outre vn

autre d'argent qu'il auoit encore: & qu'il eſt fort ordinaire à preſent de voir la plus part des maiſons remplies de Meubles & de Vaiſſelle d'argent, auec vne auſſi grande abondance, que ſi on eſtoit au milieu des Indes & du Perou. Maintenant ie dois m'acquitter de ce que j'ay promis, de donner vne Table par le moyen de laquelle on puiſſe ſçauoir, à quel titre l'Or & l'Argent ſe trauaille dans les principaux lieux de l'Europe.

SONNET

A L'ORPHEVERIE.

ART qui nous enfantez des beautez nompareilles,
L'on vous doit ſeul nommer riche preſent des Cieux.
Les Peintres & les Sculpteurs les plus induſtrieux,
Doiuent ceder le prix à vos rares merueilles.
Comme dans le prin-temps les prudentes abeilles,
Amaſſent ſur les fleurs le miel delicieux ;
Vous cueillez ſur les Arts leurs ſecrets curieux,
Et produiſez au iour des œuvres ſans pareilles.
Vous brauez par l'eſmail les couleurs du pinceau,
Et ce que la nature a de riche & de beau ,
Se voit en abregé ſur vos riches ouurages.
De ſorte que les Roys & tous les elemens,
N'augmentent leur eſclat que par vos ornemens,
Non plus que les tombeaux des plus ſaints perſonnages.

R. D. B.

*TABLE, Pour connoiſtre à quel tiltre les Mar-
chands Orpheures de Paris trauaillent l'Or &
l'Argent fin, ſuiuant l'Ordonnance: & comme quoy
auſſi on le trauaille dans la pluſpart des Villes
principales de l'Europe.*

AVANT toutes choſes il faut remarquer, que la
derniere graduation, & tiltre de l'Or, eſt a 24.
carats, & celle de l'Argent à douze deniers; Et c'eſt ce
que tout le monde ſçait. Quand aux Marchans Orfévres
de Paris ils doiuét trauailler d'Or fin, où bien d'Or à 22.
carats au remede d'vn quart de carat pour les ouurages
pleins & maſſifs; & de demi carat pour les ouurages creux
& chargez de fil de rapport. Et à l'eſgard de l'Argent,
ils ſont tenus de trauailler à vnze deniers douze grains de
fin, au remede de deux grains, pour les ouurages pleins
& ſans ſoudure, & de quatre grains; tant pour les menus
ouurages, que pour toutes les groſſes pieces, où il y entre
de la ſoudure ou ſoüage, & doiuent eſtre leurs aleages &
fontes faites en telle maniere, qu'elles puiſſent reuenir au
tiltre cy-deſſus, quelque ſoudure qu'il y ayt, tant à l'eſgard de l'Or que de l'Argent. D'auantage il faut &
ſont tenus leſdits Marchans Orfévres de marquer leurs
ouurages de leurs poinçons particuliers, pour les faire
bons aux achepteurs; & de les faire contremarquer du
poinçon de Meſſieurs les Gardes, qui eſt en la Chambre
commune de l'Orpheurerie. Et finalement il eſt neceſ-

N iij

faire, qu'en tous les ouurages d'Or qui doiuent eftre marquez, du poids d'vne once & au deſſus, leſquels font compoſez de pluſieurs pieces ou chaiſnons s'entretenans l'vn l'autre, comme font les chaiſnes, colliers, bracelets, & choſes ſemblables ; leſdits Orfeures faſſent vn chaiſnon ou piece plate à la fermeture, qui puiſſe porter les marques, pour temoigner de la bonté de l'ouurage. Aux autres lieux que i'ay dit de l'Europe, voicy comme on en vſe.

A ROME.

{ Pour l'Or, à tout tiltre, c'eſt à dire a vingt-vn carats & demi.

Pour l'Argent, à dix deniers onze grains.

A VENISE.

{ Pour l'Or, à toute ſorte de tiltre.
Pour l'Argent, à 11. deniers, 6. grains.

A MILAN.

{ Pour l'Or, à tout tiltre.
Pour l'Argent, à 11. deniers 6. grains.

A GENNES.

{ Pour l'Or, à tout tiltre.
Pour l'Argent, à 11. deniers 6. grains.

A FLORENCE.

{ Pour l'Or, à tout tiltre, ou 21. carats & demi, cóme deſſus.
{ Et pour l'Argent, à 11. deniers 6. grains.

Quand aux Villes circonuoiſines, il leur eſt pareillement permis de trauailler à tout tiltre : D'où vient qu'ils ne peuuent vendre leurs ouurages d'argent, que ſelon qu'ils ſe trouuent. Pour l'Or, il eſt à 21. carats, meſme au deſſous de 20. carats.

A MADRID.

{ Pour l'Or, à 21. carats, trois quarts, qui eſt le tiltre general par toute l'Eſpagne.
{ Pour l'Argent, à 11. deniers 4. grains le plus bas : & au deſſus à 6. grains.

EN PORTVGAL.

{ Pour l'Or, à 22. carats.
{ Pour l'Argent, à 11. deniers 6. grains.

EN ALLEMAGNE.

{ Pour l'Or, à 18. & 20. carats, qui eſt le plus haut tiltre.
{ Pour l'Argent, comme ſpecialement à Francfort, à 10. deniers 11. grains.

EN HONGRIE.

{ Pour l'Or, à 22. carats.
{ Pour l'Argent, à 11. deniers 2. grains.

A VIENNE EN AVTRICHE.

{ Pour l'Or, à 22. carats.
{ Pour l'Argent, à 9. deniers 6. grains.

EN POLOGNE.

{ Pour l'Or, à 22. carats.
{ Pour l'Argent, à 11. deniers 6. grains.

EN FLANDRES.

{ Pour l'Or, à 20. carats.
{ Pour l'Argent, à 10. deniers.

A ANVERS.

{ Pour l'Or, à 11. carats & demi.
{ Pour l'Argent, à 11. deniers 6. grains.

EN LA FRANCE COMTÉ.

{ Pour l'Or, à 20. carats.
{ Pour l'Argent, à 9. deniers 18. grains.

EN LORRAINE.

{ Pour l'Or, à 20. carats.
{ Pour l'Argent, à 9. deniers 16. grains.

A SEDAN.

{ Pour l'Or, à 20. carats.
{ Pour l'Argent, à 10. denirs 9. grains.

A GENEVE

{ Pour l'Or, à 20. carats.
{ Pour l'Argent, à 10. deniers 9. grains.

EN SVISSE.

{ Pour l'Or, à 18. carats.
{ Pour l'Argent, à 8. deniers 9. grains.

EN ORANGE.

{ Pour l'Or   } à tel tiltre que veulent les
{ Pour l'Argent   } Maiſtres.

EN LA COMTE' D'AVIGNON.

{ Pour l'Or, à 21. carats & demi.
{ Pour l'Argent, à 11. deniers 6. grains.

O

EN SAVOYE.

{ Pour l'Or, à 20. carats trois quarts : c'est à sçauoir à
Nice, car en d'autres Villes, c'est à 21. carats.
Pour l'Argent, à 10. den. 9. grains.

EN PIEDMONT.

{ Pour l'Or, à 20. carats : c'est à sçauoir à Turin.
Pour l'Argent, à 11. deniers.

EN ANGLETERRE.

{ Pour l'Or, à 21. carats.
Pour l'Argent, à 11. deniers 2. grains.

EN TVRQVIE.

{ Pour l'Or, à 22. carats.
Pour l'Argent, à 11. deniers 4. grains.

VERS tirez de Ronsard à la loüange de l'Or.

I'AY trouué ces Vers si à propos, pour mettre fin à
ce petit ouurage, qu'il m'a semblé qu'ils occuperoient
la place que je leur donne, de bonne grace, &
qu'on prendroit plaisir à les lire.

CELVY qui te dédaigne, & ne t'a point acquis,
Semble vn mort qui chemine entre les hommes vifs.
On dit que Iupiter, pour monstrer sa puissance,
Montroit vn iour sa foudre, & Mars montroit sa lance:
Saturne sa grand'faux, Neptune son trident,
Apollon son bel arc, Amour son trait ardent,
Bacchus son beau vignoble, & Ceres ses campagnes,
Flore ses belles fleurs, le Dieu Pan ses montagnes,
Hercule sa massuë: & bref les autres Dieux,
L'vn sur l'autre vantoient leurs biens à qui mieux-mieux.
Toutesfois ils donnoient, par vne voix commune,
L'honneur de ce debat au grand Prince Neptune:
Quand la Terre leur mere espointe de douleur,
Qu'vn autre par sur elle emportoit cét honneur,
Ouurit son large sein; & au trauers des fentes
De sa peau, leur montroit les mines d'or luisantes,
Qui rayonnent ainsi que l'esclair du Soleil
Reluisant au matin, lors que son beau reueil
N'est point enuironné de l'espais d'vn nüage.
Ou comme l'on voit luire au soir le beau visage
De Vesper la Cyprine, allumant le beau crin,
De son chef bien laué dedans le flot marin.

Incontinent les Dieux eſtonnez confeſſerent
Qu'elle eſtoit la plus riche: & flattant la preſſerent
De leur donner vn peu de cela radieux,
Que ſon ventre cachoit, pour en orner les Cieux.
Ils ne le nommoient point: car, ainſi qu'il eſt ores,
L'Or pour n'eſtre connu, ne ſe nommoit encores,
Ce que la Terre fit; & prodigue honnora
De ſon Or ſes enfans, & les Cieux en dora.
   Mais puis que ce metail, cét Or ſi glorieux,
Eſt ores le vainqueur de tout victorieux,
Et que le cours du temps la puiſſance luy donne,
D'inuaincu commander à chacune perſonne :
Et qu'on ne vit tant d'Air, ny d'eau, ny de ſoleil,
Que par l'Or, qui ne trouue vn metail ſon pareil.
Encor que ie l'abjure, & l'abhorre, & le fuye.
Si eſt-ce toutefois qu'à ce coup ie le prie,
De paſſer par tes mains, pour s'en venir loger
Chez moy, qui le tiendray comme vne hoſte eſtranger,
Sans trop le careſſer : car ie ne fais pas conte
D'vn homme, fuſt il Roy, quand l'Argent le ſurmonte.
Il en faut ſeulement pour la neceſſité,
Et pour nous ſecourir en noſtre aduerſité.
Le reſte eſt ſuperflu, qui ne ſert qu'à nous faire,
Ou proye des larrons, ou fable du vulgaire.

ADVIS AVX APPRENTIS
ORFEVRES.

E ne doute point que de vous mesmes vous ne iugiez bien, que vous apprendrez beaucoup mieux les belles qualitez des Pierres precieuses, & comme il les faut mettre en œuure, par l'instruction d'vne personne qui en fait profession, & qui n'a fait autre chose en toute sa vie, que par le recit d'aucun de ceux, qui n'en ont qu'vne simple speculation, ou theorie, desquels on peut croire sans leur faire injustice, qu'ils ny sçauent que fort peu de chose. Pour cette raison en partie i'ay fait mon Traité, dont i'espere que vous me sçaurez quelque gré, par ce qu'il ne vous sera point inutile si vous le lisez: Où vous verrez, que non seulement i'ay disposé par ordre ces belles pierres, desquelles il s'agit, selon le rang qui leur est deub, & qu'elles doiuét tenir entre-elles, mais que ie les ait tirées de la confusion, en laquelle ces Auteurs les auoiét mises qui empéchoit iusques icy, qu'on ne pouuoit pas bien discerner les vnes d'auec les autres. Et afin de satisfaire plainement à la curiosité de tout le monde, i'ay fait voir l'opinion des anciens & des modernes sur cette matiere tout autant exactement que ie les ay pû receuillir, & mesme afin qu'il ny manquast rien, j'y ay adjousté par l'auis d'vn de mes amis, plusieurs particularitez assez gentilles & diuertissantes que ie tiens de ces Auteurs, &

O iij

qu'eux tenoient de la credulité des autres, ou pluſtoſt des
fables & des petits contes qu'on en fait, afin de mieux
remplir le recit que i'en fais, & le rendre par ce moyen
d'autant plus agreable.

Il ne me reſte plus qu'a vous aduertir, que le ſolide
fondement de l'Art d'Orfeuerie eſt d'apprendre à bien
portraire. Puis à eſbaucher, en cire ou en terre, & en
ſuitte à tailler : ce que pouuant executer au bout d'vn
temps, vos maiſtres ne feront aucune difficulté de vous
employer ; ou à tailler en Or, ou à limer, ou bien à ad-
juſter quelque pierre ſelon qu'ils vous en iugeront capa-
bles ; & meſme à monter quelque piece. Que ſi ce dernier arriue ; vous prendrez garde à bien commencer,
pour bien finir ; & ſur tout, quand il y aura des pierres
en voſtre ouurage, de ſoigner qu'elles ſoient bien aju-
ſtées ; & qu'elles portent eſgallement par tout, d'autant
qu'vne pierre qui ne porte pas eſgallement par tout eſt
fort ſujette à ſe caſſer ou à pancher. Que d'ailleurs tout
ce qui dependra de cét ouurage, ſoit autant bien limé,
que monté, & tout auſſi bien taillé & eſmaillé qu'il ſera
reparé. Quand à l'eſmail vous obſeruerez encore ſoi-
gneuſemét en les chargeant (au cas que ce ſoit vne taille
de rehauſſe) & eſmaillant les dernieres couleurs, que
l'eau de ces dernieres ne coûle dans les premieres, qui
ſont desja chargées, d'autant que cela les rendroit boü-
euſes : & pour l'éuiter, il faut dez qu'on à chargé vne
couleur, la ſecher en meſme temps: Sur tout vous prendrez garde auparauant que d'eſmailler, que les couleurs
de voſtre eſmail puiſſent embellir les Pierres, & ayent vn
bon rapport auec elles. Car ſi les Diamans demandent
le noir, les Pierres de couleur au contraire veulent le

blanc & la diuersité des couleurs, selon que ledit Art
d'Orfeuerie, enseigne, lequel requiert autant ou plus
d'industrie que pas vn autre de ceux qui sont estimez
difficiles.

Voila en bref tout ce qu'on vous pouroit dire pour
mettre auantageusement en œuure quelque pierre que
ce soit: Mais il faut adjouster, que l'excellence est de les
bien mettre sur le tain; dont vous viendrez facilement à
bout, si vous faites que les larmes du mastic soient bien
tirées, & qu'il n'y ait point de grain. Ce qu'estant fait, si
c'est vne pierre de couleur, vous choisirez la feuille qui y
viendra le mieux, & aurez soing, que la pierre soit bien
droite, bien sertie, & qu'elle ne mire point; par ce que
quand elle mire, elle est absolument desagreable. Ie dis,
qu'elle soit bien sertie, d'autant que si la pierre est mal
sertie, ou par trop descouuerte, l'ouurage n'en vaut rien:
ou si elle est par trop couuerte, elle ne paroist pas belle. De
sorte que l'excellence est, de bien serrer les pierres & faire
le reste auec le poinçon, lequel emporte ce qu'il y a de
trop dessus la pierre, & la laisse à descouuert tout autant qu'elle peut & doit l'estre. En fin la sertisseure est
l'acheuement & la perfection de la besogne, si elle est
bien faite: laquelle regle est generalle aussi bien pour les
ouurages en Argent que pour ceux en Or, ausquels non
seullement on est obligé d'y apporter les mesmes soins,
mais il est besoin encores qu'ils soient autant bien
montez & reparez que les autres.

Pour conclusion il ne suffit pas que l'excellence des
matieres (ausquelles, sans contredit, consiste tout ce qu'il
y a de plus beau, de plus rare, & de plus precieux dans le
monde) soit la seule consideration qui vous inuite à ren-

dre vos ouurages corrects & bien acheuez : il faut aussi
que la nobleſſe & la gentilleſſe de l'Art que vous auez
embraſſé, & qui produit de ſi belles choſes, vous y
oblige; & que meſme ce ſoit voſtre principal motif : puis
qu'il eſt certain que bien ſouuent l'addreſſe de l'ouurier,
qui eſt curieux de ce qu'il fait, eſt infiniment plus eſtimé
que n'eſt l'Or, l'Argent, ny les Pierreries : Ie vous en
apporteray vn exemple, apres lequel ie finiray. Quatre
Marchands Orpheures de Madrid entreprirent en mil
ſix cens vingt, de faire faire vne piece d'Orféurie à
deſſein qu'elle fuſt la plus belle & la mieux acheuée
qui eut iamais eſté : c'eſtoit vn Elephant d'or ſur vn pied
d'eſtal, d'vn pied de long ou enuiron, ſur qui eſtoit aſſis
vn ieune More, dans lequel ouurage entrerent vingt
deux onces de pierres de couleur, qui furent pezées
auant qu'elles fuſſent miſes en œuure & eſſerties. Ce
qu'eſtát executé, chacun demeura d'accord qu'il n'eſtoit
pas poſſible de veoir vne piece plus belle, plus riche, &
plus brillante de pierreries que celle-la : neantmoins ce
n'eſtoit pas tant ce qui la rendoit conſiderable, comme le trauail & l'induſtrie de l'ouurier qui en rehauſ-
ſoit l'eſtime infiniment au deſſus, tant elle eſtoit exactement acheuée. De fait Gonzales l'vn de ces quatre Marchands, l'ayant enuoyée aux Indes où la pierrerie n'eſt
point ſi rare, eut en eſchange tant de Diamants,
qu'on les eſtima valoir au moins trois cens mil eſcus ; Ie
peux bien rendre ce teſmoignage puis que i'eſtois alors
à Madrid, & que j'y fus employé, A Dieu. Et trouuez
bon s'il vous plaiſt mes auis, pour en profiter autant
que vous pourrez en gens de bien.

www.ingramcontent.com/pod-product-compliance
Lightning Source LLC
LaVergne TN
LVHW021839170726
843503LV00003B/1001